忘れられぬ人々 二

故旧哀傷・三

中村稔

青土社

忘れられぬ人々 二　故旧哀傷・三

トマス・フィールド

去る二〇一七年三月二日、私はニューヨークの弁護士トマス・フィールドが自宅で睡眠中、二月一九日、息をひきとった旨の電子メールを彼の長女、パット・フィールド・ライターからうけとった。パット（正しくはパトリシア）は、その父君をつねに「on the go」（活動的な）の人であったと言い、活動的で身辺のあらゆる事柄に関心をもち、死去の一週間前にはフィジカル・テラピストを雇用し、生き続けることに強烈な意志をもっていたと記している。彼が私に対して抱いていた敬意にもふれ、彼は私を真の友人と思っていた、と結んでいた。

トマス・フィールドは、私が交友関係をもってきたかなり多数の外国人の中で、私にとって、もっとも大切な友人であった。彼が私に注いでくれた親しさにあふれた愛情と友情はしばしば私を辟易させるほどのものであった。私に対して同様の感情をもってくれたのは亡妻を除けば亡き父母、娘たちしかいないけれども、また続いて兄弟妹らしかいないけれども、心情の表現が日本人のつねとしてよほど慎しみぶかく、控え目だし、娘たちにしても控え目である。だが、フィールドのばあい、久しぶりに会えば、懐しさ、いとしさが彼の全身からあふれ漲りでるかのように感じた。彼は私より一、二歳年長だったから、享年九一、二歳だったはずであり、私がいま他界しても天寿を全うしたといわれるのと同様、彼も天寿を全うしたというべきだが、彼はパットのいうとおり、生き続ける執念をもち続けていたにちがいない。そうした執念は、弁護士としての彼の成就した業績と不可分であった、と私は考えている。

*

『ユリイカ』が二〇〇四年一〇月号で私についての特集をしてくれたことがある。外国人の友人からの寄稿も一篇ほしいという編集部の要望により、私はフィールドに依頼し、彼は「わが友・弁護士中村稔」と題する私について過褒としか言いようのない文章を寄せてくれたのだが、幸い、この文章がいろいろと私の記憶を換起する手がかりを与えてくれている。

私がはじめてトマス・フィールドを知ったのは一九七〇(昭和四五)年一〇月であった。現在のマツダ、当時の東洋工業(以下「マツダ」という)の依頼によって、フォードとの第一次資本提携交渉に参加するためであった。それまでマツダはローガン・岡本・高島法律事務所にいわゆる渉外事件の相談等を依頼していたが、ローガン・岡本・高島法律事務所がフォードの代理をすることになったので、別の弁護士を依頼する必要を生じた。そのため私はわが国の家庭裁判所の事実上の創設者であり、名古屋高裁長官をなさった内藤頼博先生の推薦でマツダに助言することとなった。余計なことだが、内藤先生は旧高遠藩主の末裔、戦前は男爵であった。最高裁判事に任命されなかったのはお考えがリベラルであったからだという噂が高かった。

マツダとフォードとの資本提携交渉は、住友銀行が仲介した。マツダの経営が財務上危機的状況にあることから、マツダが倒産して莫大な債権が貸倒れになるのを危惧した住友銀行が、マツダをフォード支配下にくみいれてもらい、フォードの手により、マツダの経営・財務を健全化して、住友銀行の債権を保全するためであった。しかし、松田耕平社長をはじめマツダとしてはフォードが支配的株主になることを希望していなかった。交渉はデトロイト近郊のデアボーン、広島、ニューヨーク、東京と場所を転々と変えて行われ、断続的に二、三年間続いた。第一次資本提携交渉が結局まとまらなかったのは、マツダが締結を回避しようとし、フォードとしては締結にまでもちこもうとして、双方虚々実々の法律的、契約上の論争を続けたからであった。

トマス・フィールドは松田耕平さんの知人により紹介された。彼は当時ウェブスター・シェフィールドと称した事務所に所属し、多少先輩格の同僚H弁護士と多少後輩格の同僚P弁護士の三人で、交渉に臨んだ。ただし、主として発言するのはフィールドであり、他に一人が同席し、三人そろって同席することはなかったが、フィールドがアメリカに帰国する用件がある間は、他の二人あるいは一人が交渉にあたることがあった。ローガン・岡本・高島法律事務所は、今は存在しないが、当時は高島信之弁護士が東京・広島での会合にさいし、フォード代表団に付添うことはあっても、交渉の実際に関与することはなかった。フォード側は国際法務担当の主席弁護士と財務担当主席役員が交渉の主役だったから高島弁護士の出番はなかった。私は日本の法規についてフィールドらアメリカ人弁護士に助言し、交渉の詳細をマツダの松田耕平さん以下の役員、社員に説明する役割であった。マツダ側には専門の通訳はいたが、ややこしい日本の法規と複雑な契約文言の関係は堪能な通訳を介しても理解が難しかったからである。こうした延べ数百時間の交渉に立ち会うことによって私の英会話能力が飛躍的に向上したことは、これまで何回か書いてきた。

ところで、松田耕平さんをふくめ、私たちがどれほどフィールド弁護士を頼りにしていたかを説明する挿話をさしあたり一つ紹介する。契約交渉が軌道にのりはじめた一九七一年、たまたまニューヨークで会合することになっていた。その交渉開始の予定の四日前フィールドは心臓発作を起こして入院した。交渉のため私たちはニューヨークに向かっていたし、デアボーンからフォード代表団もニューヨークに到着していた。交渉の骨格を決めるような会合だったから、H弁護士でもP弁護士でもフィールドに代ることのできない性質の議題が討論されるはずであった。私たちはフィールドと担当医師と相談し、病院の会議室で交渉の会合をもつことになった。隣室では医師が待機していた。

フィールドはパジャマにガウンを着て会合に出席し、例のとおり、マツダ側の主なスピーカーとなった。毎日、四時間ほどの会合が一週間続いた。フィールドは病室から会議室に出て、会合が終ると病室に戻った。毎日四時間ほどの会合だったのは、翌日の討議に備えて、双方が準備する必要があるためであった。

それにしても、心臓発作で入院中の患者をメイン・スピーカーにして病院の会議室で契約交渉するなどということは常識として考えられない。それほど松田耕平さんも、私たちもフィールドの交渉能力、見識は余人をもって代えがたい、と考えていたのであった。

＊

フィールドは執念の人であった。生きることに執念を燃やしたが、法律上の案件についてもひどく執念ぶかく、彼の立場、見解をあっさり淡白に諦めたり、撤回することがなかった。それは彼のユダヤ人的気質によるかもしれない。フィールドといえば、純粋にアメリカ人のようだが、本来の姓はロシアか、さもなければ旧共産圏の出身者の土着の姓だったはずである。彼の父親の代に移民し、フィールドと改姓し、トマス・フィールドは第二次世界大戦に志願して軍隊に入った。四十数年の交友の間、彼から彼の父君がどんな職業に従事していたか聞いたことはない。私は知識階級に属していなかったのではないかと想像している。

アメリカでは第二次大戦に従軍した兵士は終戦後、大学に学ぶ奨学金が与えられる制度があったらしい。彼はこの制度を利用してコロンビア大学のロー・スクールに学び、その後すぐに弁護士資格を得た。しばらくニューヨークの連邦地裁の裁判官の助手を勤め、下調べなどに従事し、厳しく法律実務を学んだようである。空腹になるとよく「頭脳《ブレイン》に栄養をやろう」と言って、私を食事に誘ったが、これはそのときの裁判官の口真似だと言っていた。

ところで、ここで書き添えておけば、彼は戦時中オーストリーのウィーンに憲兵として駐留していた。そこでウィーンの少女と愛し愛される関係になった。彼女は私が知りあった中で、いわば中年になっても、丸ぽちゃの愛くるしい婦人であった。成人し、アメリカに移住してから学んだ英語だったから、彼女の英語は多少訥々としており、聞きとりやすかった。それに、アメリカ人の夫婦にありがちな、妻が夫に愛情表現を強いるといったところがなく、いつも献身的に、何の苦情も言わず、フィールドに尽していた。フィールドはその執念によってウィーン娘を口説き、結婚してニューヨークに住むことを承諾させたのであろう。彼が一人前の弁護士になるまで、彼女も生活上の苦労をしたにちがいない。しかし、いつも明るい表情をたやさない女性であった。そういえば、彼女の母親をフィールドはニューヨークにひきとり、その晩年を一緒に暮らしていた。彼女の母親は生涯英語をほとんど解することなく、オペラを愛した。このことについてはまた後にふれる。

フィールドが『ユリイカ』に寄せた文章に次の記述がある。

「米国企業は日本企業の株式の買収を阻止されたばかりか、交渉の結果、きわめて日本企業に有利な価格で毎年数十億ドルの日本企業の製品を購入することを米国企業に義務づける契約の締結に至ったのでした」。

いうまでもなく、右の記述にいう米国企業はフォードであり、日本企業はマツダである。製品はいわゆるピック・アップ・トラックであった。資本提携契約交渉と並行して、五年間かそこら、継続的にマツダが小型トラックをフォードに供給する契約が副次的に交渉されていた。

この交渉はマツダ側はP弁護士が担当し、マツダ側の利害を代弁するメイン・スピーカーとなった。契約交渉は数カ月間続いた。その間フィールドはアメリカに用事があって帰国していた。契約条件の合意の間際になって、P弁護士とフィールドとが交替することとなった。私は帰米するP弁護士を見送り、来日するフィールドを出迎えるため羽田空港に出かけた。P弁護士はたしかハーヴァードの出身、明晰な思考力と論理的な弁論術をかねそなえた、すぐれた弁護士であった。しいていえば裕福な家庭で育ったためか、押しの弱い、無理を通すよりは論理的に納得すれば、契約の条文のもたらす依頼者の利害を軽視する傾向があった。羽田空港でP弁護士はフィールドに、「契約条項は九分九厘合意ができているから、二、三日、目を通して確認しあえば、それで済むはずだ」と言った。フィールドは「それは結構、ご苦労さま」と言い、二人は抱き合って別れた。

だが、二、三日で交渉妥結というわけにはいかなかった。フィールドは一条一条、あらためて検討、討議をはじめた。各条項の一語一語が新しい問題として提起された。たとえばフォードは毎年一定数量の小型貨物車を購入する義務を負い、マツダは毎年一定数量の小型貨物車を供給する義務を負った。これら一定数量は毎年一定の数量ではない。フォードの側で購入すべき最低の数量であり、マツダとしては購入してくれなければ採算のとれない数量である。だからといって、無制限に注文されると設備の増設が必要となるような数量の受注をマツダとしては負うことはできない。こうして、たがいに、ミニマムであり、マキシマムでもある数量を決めなければならないが、これには営業上の微妙な駆引が絡んでくる。それに円・ドル間の為替変動によるリスクをどう負担するかも問題となったのではなかったか。そして四、五〇頁の本文と付属書類合わせて百数十頁を越す契約は、そうした例にみられる複雑多岐な問題を予知し、公平であり、しかも双方にとって利益が得られる契約でなければならなかった。

そういう意味で、P弁護士が一応納得していた契約書案には多くの陥穽が潜んでいた。

これはフォード側の悪意ないし故意によるものではなかった。陥穽が潜んでいることに双方とも気付いていなかったのである。フォードの執拗な一語一語の吟味が問題に気付かせ、妥当な解決に導いたのであった。ことは毎年数十億ドルにかかる取引である。このために、さらに半年近くの交渉が行われたのだが、この取引はフォード、マツダ両社に相当額の利益をもたらしたと聞いている。フィールドの執念とはこんなものであった。

＊

次の挿話はフィールドが『ユリイカ』掲載の「わが友・弁護士中村稔」に記しているので問題の概要を彼の文章から引用する。

「ある米国企業――これは世界最大の、もっとも有名な会社の一つなのですが――が、日本企業の米国におけるプロジェクトのために、貸し付けでなしに、いわゆる「タックス・レバレッジ・リース」という方法で、五億ドルの融資を約束しました。米国企業はこの融資により一億五千万ドルの節税が得られることを期待していたので、日本企業にとってこの融資によるコストは借り入れによる資金調達よりもかなり低いものでした。節税の適格性を得るための期限に間に合わせるために米国企業と日本企業の双方のチームは、一八ヶ月の間、たゆみない作業を続けました。ところが、その期限の直前になって、米国企業は、税法の最近の改正により日本企業のコストは契約で予想されたよりも一億一千三百万ドル多くなるだろう、と日本企業に通知してきました。この主張は法的根拠を欠いたものでした。その当時は日本企業には知られていなかった理由により、契約から抜け出したいという米国企業の慾望だけにもとづくものだったのです。この状況を救うための唯一のチャンスは別の米国の会社と類似の契約を締結することでしたが、そのためには日本企業が米国企業との契約を解約し、米国企業に契約違反の責任を問うことが必要でした。

しかしながら、日本企業は、それまで、その会社の歴史をつうじて、契約違反を理由に契約を解約したことがありませんでした。まさに日本のカルチャーのとおり、日本企業は、すべての紛争を和解により解決したい、と考えていました。（イ）五億ドルに昇る、（ロ）米国で、（ハ）米国の巨大企業相手に、（ニ）五億ドルの契約違反の責任を問う、（ホ）米国における法廷闘争に舞台を移すような、契約の解約というアイデアは、日本企業にとっても、契約の解約に加わらなければならない日本企業の銀行にとっても、呪わしいことであり、思いもよらないことでした」。

ここでフィールドは、私がこの日本企業の代理人であったので、私の説得により、契約違反による契約の解約通知を送達するように勧め、その日本企業も銀行も、私の勧めにしたがい、契約の解約を通知した、と書いているが、これは彼の誤解である。私はこの日本企業の顧問弁護士ではあったが、金融関係については知識、経験に乏しいので、この当初の契約、タックス・レバレッジ・リース契約の締結についても、解約についても意見を求められたことはなかった。フィールドの文章は次のとおり続いている。

「米国企業は、日本企業の解約は契約違反であると主張して、日本企業に五億ドルの損害賠償を求める訴訟を提起しました。その後、米国企業は、もし日本企業が米国企業に一千万ドルを支払い、契約に違反したのは米国企業であると主張した日本企業の反対請求を放棄するなら、訴訟を取りやめると提案しました。ここでまた、たいへん分りやすいことですが、日本企業は、一千万ドルを支払って、利息を含めれば、七億ドルに達する巨額の支払いを日本企業に命じる判決を米国企業が得るかもしれないというリスクを回避したい、と切望しました」。

そこで、この日本企業が私の意見を求めた、とフィールドは書いているが、この時点では訴訟は最終段階にあった。知る人は知ることだが、アメリカ法では訴状、答弁書の交換が終ると、口頭弁論に先立って、証拠開示（Disclosure）とよばれる手続が行われる。この証拠開示手続の間、争点に関連する手持ちの書証はすべて相手方に開示しなければならないし、関係者に対してはデポジションとよばれる供述録取書がとられる。こうした人的、物的証拠にもとづき、双方の主張がくみたてられ、詳細、長文の書面がくりかえし提出される。その上で、はじめて口頭弁論が開催されることになる。このため、私の検討のため持ちこまれた書類はファイルにして二十数冊、ファイルをかさねた高さも一メートルを越すほどであった。たしか当時一ドル二五〇円ほどではなかったか、と記憶しているが、日本企業としては、敗訴すれば五億ドル、利息を無視しても、円貨一二五〇億円以上を支払わねばならないというリスクをとるか、一〇〇〇万ドル（二五〇〇万円）支払って、リスクを回避するか、という選択に迫られたわけである。敗訴すれば、企業の存続も危ぶまれるような巨額の負担をすることとなり、和解すれば、財務的打撃は致命的とはほど遠い。明らかに企業としては一〇〇〇万ドルを支払って和解する方向に傾いていた。和解に納得しなかったのはフィールドであった。彼は勝訴を確信していた。企業としてはフィールドを説得できなかった。その結果、いわばセカンド・オピニオンを求めるようなこととなって、私の手許にどっと一件書類が持ちこまれたのであった。

いまではタックス・レバレッジ・リースという方式の融資がどういうものであったか憶

えていない。当時もまったく無智だったが、双方の書面、供述録取書をくりかえし読むうちに理解することができたし、双方の主張と裏付けとなる資料を読みこなすことができた。結論は、日本企業の主張が絶対に正しい、正しいばかりか、米国企業の主張はでっちあげに近い、まやかしなのではないか、ということであった。この結論に達するまで、他の緊急の用件を処理するために若干の時間をさいたとはいえ、二カ月近くを要した。私は、私が読みこなした双方の当事者の主張と裏付け資料を企業の経営者に説明し、訴訟の続行を勧めた。法律的に理解が不充分な通訳を介したフィールドの説明と違い、日本語による日本人弁護士の説明ははるかに理解しやすかったにちがいない。そもそも五億ドルの請求を一〇〇〇万ドルまで下げても和解したい、という米国企業の提案そのものが法律的に弱いことの自白とさえ思われる。日本企業は訴訟を続行した。

フィールドが記しているとおり、日本企業は勝訴し、米国企業に対し一二五〇万ドルの損害賠償を日本企業に支払うよう命じた。上訴審もこの判決を支持し、実際、支払いがなされた。いまになって考えると、日本企業の経営者が私の説明に納得し、訴訟の続行を決断してくださったことが、若干ふしぎである。それほどに私を信頼してくださったことが信じがたい思いがつよい。この事件で私が学んだことは、世界的に著名なアメリカの大企業といえども、訴訟の場では、あるいは訴訟の場でなくても、平気ででっちあげ、まやかしとしか思われない主張をするということであった。わが国の大企業にはそれなりの品位があると私は信じている。ただし、最近は日本企業の倫理感はだいぶ退廃しているようにみえる。

この事件をつうじても、私とフィールドとの友情、信頼関係はますますつよくなったのであった。

＊

次は私の失敗により彼の依頼者に損害を与えた案件である。『ユリイカ』所掲の文章に、フィールドは彼の観点から事案を見、彼の反省を記しているが、事案は同じでも、立場を異にすると感想、反省も自ら異なることとなる。

「私が代理していた、ある米国会社の東京支店の支店長であった日本人の従業員が会社の口座から現在の価格でいえば四千五百万ドルにも達する金を勝手に引き出し、どこに隠したかを教えることを拒否したのです。もしこれが米国で起こったとしたら、会社は即時に、従業員に対して金を会社へ直ちに返却せよ、もし引き出しについて従業員が有効な理由をもっていると主張しているとしても、すくなくとも裁判所に預託せよ、と指示する、裁判所の命令（インジャンクション）を得られたにちがいありません。もし裁判所の指示にしたがい直ちに金を預託しなければ、裁判所はその従業員を、裁判所の命令にしたがうまで拘置所に拘置するよう命令します」。

事態を収拾するため、米国企業の担当副社長をともない、フィールドは来日した。私はフィールドの依頼により、米国企業の預金を窃取した従業員を代理している弁護士と面会した。彼は窃取した金額の半額なら返却してもいいが、従業員に何らの責任をも問わないことが条件だ、という。あなたの要求は、あなたがまるで犯罪の共犯と同じではないか、など問いつめ、二回目に会ったときは、三分の二を返してあげてもいい、というところまで彼は譲歩した。三分の一といえども会社の金を従業員が窃取する権利があるか、フィールドも米国企業の副社長も納得しなかった。何としても仮処分命令を東京地裁に提出してもらいたいと固執した。即時に仮処分命令を得るには証拠は完全でなければならないので、準備もかなりの労力を要した。準備がととのったところで、フィールドが私にと訊ねた。私は

「きみなら、どうする？」

「三分の二の返却で我慢するだろう」

と答えた。理不尽であることを承知しながらも、私はそう助言せざるをえなかった。従業員が窃取した金を隠している限り、裁判所が命令しても、返却を強制されない。従業員が預けた銀行名、口座番号等が特定できない限り、仮差押え命令を得ても、強制執行できない。

せっかく仮処分命令を得ても、いわば空振りに終って、一円の回収もできなかった。さらに採るべき手続がありえたように思われるが、そういう手段を私は思いつかなかった二年後に従業員（正確には元従業員）は窃盗罪により懲役二年の実刑に処せられた。しかし、窃取した金は賭博ですってしまったと称し、ついに盗み得に終った。彼の代理人であった弁護士は、私からみれば、れっきとした窃盗の共犯だったが、何の処罰もうけることなく、後に日本弁護士連合会の要職に就いた。弁護士会内にはいろいろな派閥がある。派閥活動に対する貢献如何によって弁護士会内の役職が割り当てられるという慣習がある。私は派閥活動の意義を全面的に否定するわけではないけれども、彼が要職に就いたときには、何としても許しがたいものを感じた。しかし、これはフィールドとは関係ない。

＊

これまで書いてきたところから、フィールドがきわめて有能、粘り強く、執念を燃やして依頼者の満足するような結果を出してきた弁護士であったことが理解されるだろう。だが、彼には、反面、稚気愛すべき、間がぬけたところがあった。

ニューヨークを訪ねて、夜、特に仕事がないとき、彼はオペラに誘ってくれることが多かった。すでに記したとおり、フィールド夫人はウィーン育ちだったし、夫人の母親もウィーン育ちだったから、オペラ好きであった。そういえば、メトロポリタン・オペラ・ハウスに一定額の寄附をすると、劇場の椅子の一つに寄附者の銘板をつけてくれるそうである。その銘板は鋼鉄製だから寄贈者の名前はほぼ永久に残ることになる。かなりの金額でなければ銘板をつけてはもらえないのだろうが、ここにフィールド夫人の母君の銘板がある、と言って教えてもらったことがある。これによってオペラ愛好者の自尊心を満足させ、オペラ・ハウスの維持費の一部とするのであろう。私たち日本人はこうした公共施設の維持管理のため民間からの寄附集めの智恵が不足しているようである。

ところで、フィールド夫妻と私と三人で一夜、オペラを見物に行ったことがある。タクシーで行けばよかったかもしれないが、帰りのタクシーを拾うのが厄介なので、フィールドの運転する自家用車で出かけた。オペラの幕が降りて、地下の駐車場に行ったところ、フィールドはどこに駐車したか、忘れていた。

そういえば、フランクフルト空港の地下駐車場に私を迎えにきてくれたハイヤーの運転手が駐車場所を見失ったことがあった。さすがにプロの運転手だけあって、五分ほどで思いだしてくれたのだが、フィールドのばあいはそうはいかなかった。どうしても思いだせなかった。私たちは地下駐車場から車がすべて出払うのを待っていた。二〇分もかかったであろうか。ただ一台の車が残っていた。その間、フィールドは平然と待っていた。こうした出来事は彼にとっては日常茶飯におこるようであった。夫人も当然のことのようにいささかもうろたえていなかった。契約の文言の一言一句に払うような注意を日常生活には払っていないようであった。

＊

一九七一年東宝東和はスティーヴ・マックィーン主演の映画『栄光のル・マン』を封切した。そのさい、電通が仲介して、松下電器（現在のパナソニック）、ヤクルトとそれぞれタイアップ広告を行った。これは相手の製品広告と映画の広告を並べて掲載するが、たがいに相手の製品、映画を推奨することなく、相手とは関係ない形式で広告し、相手の広告のついでに自分の方にも観客の注意を向けてもらう形式の共同広告である。いわば一挙両得の広告形式だが、これに関し、スティーヴ・マックィーンは東京地裁に東宝東和・松下・ヤクルト・電通の四社を人格権侵害、いまの言葉でいえばパブリシティ権侵害で訴え、ひき続き、ニューヨークの連邦地裁にも同様の訴訟を提起した。私は東宝東和の代理人として、かつ、東宝東和がこのタイアップ広告の中心なので、四社の代理人団の主任的立場で訴訟を担当していた。そこで、ニューヨークの訴訟代理はフィールドに依頼した。

フォーラム・インコンヴィニエンスという法律上の概念がある。フィールドはこの法理をニューヨーク連邦地裁に提出し、訴訟却下の勝訴判決を得た。違法とされる行為も日本、関係者も日本在住である以上、ニューヨーク連邦地裁がこの訴訟を管轄するのは不便であり、東京で訴訟を遂行すべきだという法理である。後に、東京地裁でも四社は勝訴した。

そんな関係から、フィールドが東京滞在中の一夜、彼と私を東宝東和の川喜多長政社長が白洲春正副社長とともに赤坂溜池の樓外樓でご馳走してくださったことがあった。知られるとおり、川喜多長政さんは中国人以上に中国語が達者な中国通である。川喜多さんが注文なさった料理は格別に美味しかった。フィールドは東京ではホテルオークラを常宿としていたので、宿泊するたびに、Seventh Heaven へ行こう、と私は誘われた。第七天国の意だが、楼外楼を英語ではそうよぶのであろう。楼外楼の料理にはいつも満足していたが、それでも、カワキタ・メニューを、と注文するのに、川喜多さんにご馳走になったときほど美味しい料理は供してくれない、と嘆いていた。

ところが、彼は、二十数年前、私にはきわめて不可解な食餌健康法に凝るようになった。それ以来、すっかり健康になったといい、カリフォルニアに、その療法のための施設があるから二カ月ほど滞在して習得してきたらいい、とさんざん口説かれた。私は聞きながしていたが、彼一流の執念から解放されるのは容易でなかった。その食餌療法がどんなものか、私は正確には知らない。しかし、そういう療法に忠実な友人と連れ立って食事をして、恥ずかしい思いをしたことだけが記憶に鮮明である。

ホテルオークラのメイン・ダイニング・ルームはベル・エポックといったと思う。フィールドを訪ねると、ベル・エポックで食事をしようという。同行し、席に案内され、私はスープと比較的軽めのメイン・ディッシュを注文した。フィールドはコンソメを注文し、他はライスだけで結構という注文であった。そして米の御飯をすこしずつコンソメにひたしては口に運んだ。当初ウェイターが持ってきたライスがなくなると、またもう一皿注文した。そして、三、四皿の御飯をコンソメにひたしては口に運ぶのであった。

もう一度は、亡妻も一緒に、箱根プリンスホテルにフィールドと一泊旅行したことがある。考えてみると、フィールドは観光趣味がなかったようである。彼から浅草・銀座・上野などの話を聞いたことがない。ずいぶん長い日数、広島に滞在したから、マツダの人が宮島の厳島神社に案内しなかったとは考えにくいのだが、厳島神社について感想を聞いたこともない。弁護士の仕事一徹だったかといえば、そうでもなく、ジョークが好きであった。例をあげたいが、あいにく記憶力の悪い私には、フィールドが好んだ類の数々のジョークも思いだせない。人間性、国民性、民族性に関するものだったことは間違いない。

ところで、箱根プリンスホテルの朝食堂で私たち二人と落ち合って、三人で卓をかこんだ。私たちは型どおり目玉焼とトーストを注文した。私はコーヒー、亡妻は紅茶を注文した。フィールドは紅茶しか注文しなかった。トーストは自由に何枚でも提供されるようになっていた。そういえば、フライド・エッグは日本では玉子が一個のフライド・エッグでも目玉焼という、と教えたら、フィールドが大いに喜んだことがある。そんな他愛ないジョークともいえないジョークも彼は好んだ。そこで、彼はおそらくトーストを一〇枚近く食べた。バターも使わなかった。周りの卓にいた人々は呆れていた。オークラのベル・エポックでは、他に客のいない時間だったので、呆れていたのはウェイターだけだったろう。

思うに、穀類を主とした食物に限って食べることとした療法だったろう。牛豚、羊等の獣肉類はもちろん禁止、野菜を食べるのも見たことがないから禁止されていたのかもしれない。私はこうした食事が健康を保つ方法とは考えない。フィールドが信じた食餌療法は一種のカルトだと考えている。

しかし、一九七一年最初の心臓発作を起こしてから四十余年、生きながらえたのだから、この食餌療法も何らかの効果があったのかもしれない。

＊

最後に、『ユリイカ』に寄せた文章中、フィールドはその最後に「たとえ二〇年以上にわたる説得の後、成功の見込みがないとしても、中村さんに禁煙をうながすことを止めないでしょう」、という文章をふくむ一節で寄稿文をしめくくっている。

二〇〇六年、私は大腸癌の手術をしたさい、手術前の検査期間中は禁煙してくださいといわれ、そのまま禁煙してしまった。それまで缶入りショートピースを毎日三、四〇本喫っていたのだが、禁煙は何の苦痛でもなかった。いまでは傍らで煙草を喫っている人がいても、一向気にならない。喫煙は一七歳からの習慣だが、習慣は持続性のないものらしい。

それにしても、フィールドに禁煙したことを知らせる機会を逸したことは残念である。

中野徹雄

一九四四（昭和一九）年四月、旧制一高に入学したとき、文科の同級生は約七〇名であった。募集した定員は文科五〇名、理科三〇〇名だったはずだが、定員を若干越えた人数が入学を許されたのと、前年入学しながら病気などのため一年休学して私たちと同級になった者がいたためであった。約七〇名の同級生の多くは、私には、全国から選りすぐられた俊才のようにみえた。ごく少数を除けば、誰も彼も理解力が早く、記憶力にすぐれ、一を聞けば十を知るかのような趣があった。とりわけ目立っていたのは松下康雄と中野徹雄であった。前年、神戸一中を四年修了で入学し、肺炎カタルか何かの病気のために休学し、私たちと同級になった松下は眩しいような秀才であった。中野には鋭利な思考力がその魂の底に閃光のようにふかくきらめいているかのように感じられた。

たまたま中野も私も国文学会という国文学愛好者の集まる部会に属することとなり、同じ明寮一六番という部屋で、文字どおり机を並べ、夜も寝室で枕を並べて、生活することとなった。中野は都立一中の出身、前年四年修了時に受験して失敗し、都立五中出身の私と同様、五年卒業して入学した。彼が当時著名な天才ヴァイオリニストであった巌本真理の従弟であることは、入学直後からひろく知られていた。巌本真理の祖父、巌本善治は中野の母方の祖父であり、『小公子』の訳者として有名な若松賤子も同じく母方の祖母であった。彼らの名は、島崎藤村の著作などからその名を知っていたが、明治時代の人と思っていた。巌本善治が中野の中学時代まで生きていて、中野はその死に立ち会い、野辺送りしたと聞いたときには信じられない思いがした。

中野と寝食を共にするようになって私がまず驚いたことは彼がひどい偏頭痛もちであるということであった。彼はアスピリンを常用していた。二錠や三錠ではない。五錠、一〇錠と、それこそ正気を失うのではないかと心配するほど、多量に服用し、その間、痛がって寝床をころげまわった。眼を背けたくなるような苦しみ方であった。

彼の偏頭痛が治癒したのは、秋に入って三菱電機の池尻工場に勤労動員されるようになってからではないか。朝八時から九時まで一時間だけ授業があった。怠けぐせのついた私はそんな早朝の授業に出席したことはない。その後、私たちは隊伍をくんで池尻工場まで徒歩で通った。二〇分ほどの距離であった。

私は体が弱い、と申立て、製図か何か、書類を扱う係に割り当てられた。中野は肉体労働の中でももっとも苛酷な鍛造という部門に廻され、終日、休憩時間を除き、汗まみれになっていた。そんな烈しい労働のせいか、いつか偏頭痛で悩むこともなくなっていた。誰からも後ろ指を指されない、模範的な勤労学徒であった。

そんな中野が、ある夜、私に、次期の寮幹事に立候補しよう、と思う、と秘密めかしく語りかけた。旧制一高は自治制であったから、寮の運営は生徒の自治に任されていた。しかし、私たちより一年上級の人々は、三年の修学期間が二年に短縮されて、一九四六年三月に卒業することになっていたので、一年生の私たちが秋から寮の運営にあたることとなった。ただし、文部省当局の指導により、全面的な自治は好ましくないという建前で、監督の教授の下で、委員に代る幹事が運営にあたることとなっていた。

中野は副幹事長になるつもりであった。幹事長には、誰か据りのいい年配の人を連れてくればよい、と幹事長の人事も自分が決めるつもりであった。そのため、次の全寮晩餐会で演説をする、見ていろよ、と言った。中野が政治的権力に魅力を感じていることを知ったのは、そのときがはじめてであった。

その中野の演説はさすがに見事なものであった。その後、私は大野正男の結婚式におけるスピーチや法廷における弁論など、名演説を何回か耳にしているけれども、このときの中野の演説ほど感動したことはない。

中野は、「一高生諸君、君たちは沈滞しているのではないか。意気沮喪しているのではないか。顔をあげて、君たちの気概、抱負を語る勇気を失っているのではないか」といった調子で寮生の不甲斐なさを口をきわめて罵倒した。万場しんと静まりかえった。中野は言うべきことを言わず、思うことに口を噤んでいるからだ、といった趣旨のことを語り、一高は千紫万紅、百花繚乱たる個性が花ひらく場所でなければならない、諸君、君たちのそれぞれの個性の花を花ひらかせようではないか、と結んだ。七〇年も前の記憶なので、中野の演説の内容を正確に伝えているという自信はない。しかし、ほぼこんな内容であったように憶えている。これは明らかに当時の時勢であった軍国主義的画一主義に対する挑戦であり、かなりにリベラルな雰囲気をもっていた一高だからこそ許される演説であった。中野の演説が終ったとき、満堂しばらく静寂につつまれたが、やがてわれるような喝采が湧きおこった。中野を次期執行部に送りだそうという合意が暗黙の間にかたまっていた。

私は中野から研修幹事に就任してほしいと言われ、喜んで承諾した。一高の自治制の寮委員（当時は幹事と称した）は寮務のために勤労動員を免除されていた。研修幹事は向陵時報委員の後任だったが、『向陵時報』は刊行されていなかった。竹山道雄教授が推進して『柏葉』と題する雑誌を発行しようとして原稿を募集し、掲載作も決定したが、出版をひきうけてくれた新潮社が空襲にあって版型は焼失、結局一冊も刊行されなかった。私は時たま日響管弦楽団（現在のN響）の一部が組織する日響室内楽団を招いたり、ピアニストの井上園子さんを招いて、コンサートを催す他、何の仕事もなかった。向陵時報委員室にこもって、古い『向陵時報』や『文藝部雑誌』（後に『護国会雑誌』と改称）を読み耽っていた。

やがて新一年生が一九四五年四月に入学した。彼らの一部が立川の中島飛行機か三菱重工かの工場に勤労動員で赴くことになった。私をふくめ、中野たちの幹事の任期は終っていた。指導、監督のため、数名の二年生も、幹事として、行くことになっている。一緒に立川へ行かないか、と中野に誘われた。立川の食事はひどかった。じゃが芋一個に大豆を少々まぶしているのが一食の主食、副食のすべてであった。一年生が近隣の農家の畑から胡瓜を盗んで食べ、処罰されたことがあった。つらい時代であった。八月上旬、中野からポツダム宣言受諾が決まった、と聞かされた。中野の父君は中野登美雄といい、当時早稲田大学の総長、国法学という学問の権威で、東条首相などに近かったようである。私は荷物も書物もすべて放置したまま、立川から逃亡し、大宮の自宅に帰宅した。

＊

一九四六年は中野徹雄にとって事多き年であった。この年雑誌『世代』が目黒書店から刊行されている。刊行されてから以後は、いいだもも（飯田桃）が実務をとりしきり、一高国文学会の先輩である遠藤麟一朗が編輯長となったので、中野が編集に関与することはほとんどなくなったが、全国高専文化部の連合組織として名のって花々しく出発したこの雑誌を、安倍能成・竹山道雄等の一高の元校長、教授たちが応援したのは、中野が飯田と並んで、これらの先生方に働きかけたからであり、中野をこれらの先生方が稀代の秀才とみなしていたからであった。

敗戦後、弘前の家族の疎開先から一高の寮に戻ったとき、私は明寮一六番の自習室で中野から、木村健康さんからフェノメノロギイを一緒に読もうと言われているのだが、どうしたものかねえ、と相談をうけたことがあった。フェノメノロギイはヘーゲルの『精神現象学』である。木村健康さんは河合栄治郎門下、当時一高の教授であった。後には東大教養学部教授をなさったはずである。こういう一高の教授が一介の一高の二年生、それもドイツ語を一年と数カ月しか学んでいない学生を誘って、ヘーゲルの読書会を二人でやろうともちかけたことは、まさに異例といってよい。それほどに中野は嘱望されていた（ただ、この読書会は実行されなかった。食糧難のため、始終休校していたからであろう）。安倍さんが飯田、中野らを岩波茂雄に紹介したところ『心』の発刊が決まっているからといって断られたという話が伝えられているが、これも安倍さん以下一高の先生方の中野に対する信頼によるものだったにちがいない。

『世代』創刊後は遠藤、飯田が編集の中心だったためもあると思われるが、中野がしげしげと目黒書店の編輯部に出入りした気配はない。ただし、私自身も『世代』編輯部を多少うさんくさく感じていたので、飯田と親交を保っていたとはいえ、編輯部の実情に詳しいわけではない。

その『世代』の第三号、一九四六年九月一日刊に、中野はニコライ・ベルジャエフ「ソヴィエト革命論」の翻訳を寄せている。

「共産革命を機として露西亜の歴史は截然と両断せられてゐる」とはじまる、この評論は「西欧に於ける共産主義《コムユニズム》は何であつたかを想起するならば、それは単なる科学的臆説であり、社会民主党の理論であり、極めて穏和な政党の穏和なる主義を出でなかつた。之に反し露西亜に於ける共産主義《ボルシエヴイズム》——以下西欧的共産主義をコムュニズム、露西亜的共産主義を区別のためボルシェヴィズムと謂はう——は全人間生活を支配する所の宗教であり世界観であり民衆に狂熱を与へるところの何物かである」と続き、詳細にロシア革命に至る歴史などを説き、末尾に結論を述べている。

「共産主義に於て説かれる資本主義社会の矛盾と不安定と、之に対する超剋の必要は先づ無条件に我々は認容せねばならぬ」と述べ、ボルシェヴィズムの正当性をいくつか列挙した上で、次のとおり説明する。

「次に私は共産主義の誤謬を指摘しよう。その誤謬は真理より遥かに大きい。（中略）即ち、言ふ迄もなく、共産主義に於ける神の否定、人間の否定に外ならない。神の否定は人間性の否定を意味する。（中略）共産主義は神の王国・人間の王国を破壊して第三の王国、階級の王国を建設する。神人に非ず人神に非ず、プロレタリアート神の信仰、「カイゼルのものはカイゼルへ、神のものは神へ。」に非ずして「カイゼルのものはプロレタリアートへ、神のものもプロレタリアートへ。」である。而して此処から、神に対するプロレタリアートの嫉視と醜悪な文化とが生れた。虚無主義の禁欲主義を識る人は、故意にボロボロの服装を着け、かすれた声で叫喚するレニンの趣味の淵源を看破したであらう」。

今日になってみれば、スターリン治下のソ連はプロレタリアートの独裁ではなかった。ベルジャエフは、ある意味で、ボルシェヴィズムを理想化していた。しかし、この評論で中野徹雄が紹介したのは、ボルシェヴィズムの非人間性であった、と私は考え、そういう意味で中野の翻訳は、ソ連共産党に完全に従属していた当時の日本共産党に対する批判として、それなりの意味をもつと考える。中野はここで反日本共産党という旗幟を鮮明にしたのであった。当時、中野は一九歳であった。

＊

一九四六年一〇月二五日、原口統三が逗子の海岸で入水自死した。原口の自死が私に与えた衝撃についてはこれまでくりかえし書いてきたので、あらためて書かない。

原口の遺書に、中野徹雄から借りていた上着を身につけたまま自死することで中野に迷惑をかけることをお詫びする、といった文言があった。原口が中野を畏敬していたことは間違いないが、何故中野が原口に上衣を貸したか不審である。原口に貸したら、中野は誰の上衣を着ていたのか。終戦の直前、私が立川から逃亡したとき布団も書籍類も放置してきたと記した。戦後もこれらの布団や書籍類は戻らなかった。戦後、寮内の秩序はかなり乱れていた。他人の物と自分の物の区別がはっきりしないことがあった。それにしても、中野が誰の上衣を着ていたのか不可解である。

原口が自死したという知らせをうけたとき、私は中野を早稲田大学総長公舎に迎えにいった。中野の父君登美雄氏は敗戦になってもただちに職を免じられることなく、しばらく公舎に住んでいた。古風な洋館であった。鎌倉と逗子の間にある山の上の火葬場で三々五々原口の友人たちが原口の骨上げを待っていた。晩秋の日があかあかと八畳か一〇畳かのひろい部屋いっぱいに差しこんでいた。中野も私も何を話すともなく、ただ黙って、時間の経つのを待っていた。

＊

その後、一九四七（昭和二二）年二月一日刊の『向陵時報』に中野は「汝は地に」と題する評論を発表している。その年四月に一高に入学した高橋英夫さんは「汝は地に」を読み、高等学校の学生はこんな難解な評論を理解しなければならないのか、と感じて当惑した、といった趣旨の回想を書いているはずである。

「旧約に伝へられてゐるところによると、人間が初めて死と云ふものを見たのはアベルの死に於てであつた。ところがアベルの死は自然死ではない、「彼等野に在りしとき、カインその弟アベルに立ちかゝりて之を殺せり」、カイン其の弟を殺した、肉親の殺人であつた。

しかし旧約に即して考へるならば死は不意に扉を叩いたのであつた、何となればそれ迄誰も死と云ふものを知らなかつたのだから。カインは死を知らずして死を招いた」

とこの評論ははじまる。かなりにペダンティックであり、かつ、論理がととのっているとはいえない、この評論は、ゲオルク・ジンメル、『金枝篇』の著者フレーザーの説く森の王の説話、カール・ヤスパース、カント、フッサール、ヘーゲル、ハイデッガー、ライナー・マリア・リルケ、ゼーレン・キェルケゴール、ミゲル・デ・ウナムーノといった人々の学説を引用し、次のとおり結んでいる。

「ウナムーノはその著作の中の一に於てほゞ次のやうな答を与へる。生と死の境異に一つの闘争があるのを我々は知つてゐる、そして之を我々は断末魔（アゴニア）と呼んでゐる。我々は永遠の沈黙の中に滑り込む前に此の断末魔の中に投込まれることを避け得ないであらう。しかし生命それ自身もまた一つの断末魔に他ならぬと云ふ宿命を負ふ。何となればそれは生命の道と真理の道との相剋であるのだから、と」。

瞠目すべき学識、絢爛たる論理の展開に、当時この評論を目にした者が中野徹雄という穎才に敬意を払わなかったはずはない。しかし、いったい中野はここで何を説いたかについては頭を傾げる者も少なくなかったであろう。ここで中野は死と向き合い、生とは何かを問いかけたのであった。生きている限り、私たちは真理を追求しなければならない。しかし、生命と真理の間の相剋は、生を断末魔の危険に陥れるであろう。それでもなお、私たちは真理を求め、生きていかなければならないのだ。私の解するところはほぼこうしたことだが、これが正しい解釈と言いきる自信はない。

中野の父君は、戦争下における軍部との協力によって、遅かれ早かれ、早稲田大学総長の座を追われるはずであった。彼は結核を患っていると中野から聞いた記憶があるが、確かではない。埼玉県の飯能に疎開するとか、飯能に家か部屋を見つけたと聞いたこともあった。軍部のうけがよい学者だったからといって、中野家に資産のあるはずもなく、中野の父君に教職のあてはなかったろう。私の想像にすぎないが、中野一家は困窮に直面していた。中野は自活の道を探さなければならなかった。「汝は地に」の背後にはそうした生活上の覚悟もあったかもしれない。中野が、それは下司《げす》のかんぐりだ、と嗤うかもしれない。それも一理あることを私は認めるに吝かでない。

＊

一九四七年三月に一高を卒業して以後、一九五一（昭和二六）年四月に中野が厚生省に入省したという噂を聞くまで、私は中野の消息をまったく聞かなかった。中野は私にとって闇の中に隠れていた。

おそらく中野は困窮していた。しかし、しがない貧乏暮らしは、少年時から贅沢に馴れた中野にとって似つかわしくなかったし、彼の好みではなかった。

日々の糧を得るのにも容易でない時期、中野はどうやって暮らしたのだろう。

大学で中野を見かけたことはなかった。もっとも私自身が三年生になるまで本郷に行くことはほとんどなかったし、本郷に行っても、正門を入らず、逆に森川町の麻雀屋にしけこむのがつねだったから、かりに中野が授業に出ていたとしても出会う機会はなかったろう。それにしても、大学で中野を見かけたという一高の同級生に会ったことはなかったから、中野が授業に出ていなかったことは間違いあるまい。

大学三年間の中野の生活は、私にとって暗黒の中である。突然、中野が厚生省に入省したと聞いたのは一九五一年四月であった。中野ほどの頭脳の持主なら、教科書の若干をととのえれば、授業を聞かなくても、公務員試験に合格することは、そう難しいことではなかったろう。

私の一高の同級生では大蔵省に七、八名、厚生省に五、六名、通産省に一名、外務省は外交官試験に合格して採用され、公務員試験とは別格だから別として、たしか二名がそれぞれ入省したように記憶している。大蔵省に入省するのがもっとも難しく、それなりに公務員試験の成績が良くなくてはならない。松下康雄や後に財務官になった渡辺喜一、後に国土庁次官になった福島量一らが大蔵省に入省した。

私は厚生省という戦後にできた省を知らなかったが、戦前の内務省の後身であり、それだけに予算も潤沢、予算が潤沢であれば、それだけ権力をともなう、ということで、大蔵省についで厚生省への入省者が多かったのである。中野が厚生省に入省したのは、大蔵省に入省できるほど公務員試験の成績が良くなかったためかもしれないし、厚生省がもつ権力に魅力を感じたのかもしれない。親しい友人であったとはいえ、そうした微妙な心理を問いただすことはしたことがなかった。

＊

中野が厚生省に入省してから数年経ったころ、中野から結婚したので遊びにこないか、という誘いがあった。都心の地の利はいいが、簡素な公務員住宅であった。驚いたことに中野夫人は旧姓甲斐田絢子という『世代』の仲間であった。甲斐田絢子は津田塾の出身、日高とも私とも親しかったが、ことに後に『映画藝術』の編集長になった小川徹と親しく、小川の映画の師と目されていた。中野と甲斐田絢子が知り合ったのは『世代』とは関係ない知人の紹介だったという。彼女はさばさばした男性のような気質で、気性もさばさばしていた。

そういえば中野徹雄は美青年であった。シャルル・ボワイエに顔立ちが似ているわけではないが、ボワイエの映画を観ると、うるみがちな瞳、甘い容貌に、私は中野を思いだすのがつねであった。それ故、中野は始終若い女性たちにつきまとわれていたから、かなり遅くなって甲斐田絢子と結婚したのは意外であった。ただし、絢子もボーイッシュではあるが、美少女であることに変りなかった。

その晩、ビールの一本くらいあけたかもしれないが、記憶は確かでない。はっきり憶えているのは、アスパラガスの缶詰をあけて、たっぷりとマヨネーズ・ソースをかけてご馳走してくれたことである。私の家でも母が手製のマヨネーズ・ソースを作ることはあったが、アスパラガスというものはたべたことがなかった。世の中にこんな美味しいものがあるのか、と私は感銘をふかくした。そういえば、晩春から初夏にかけて、ヨーロッパで供されるホワイト・アスパラガスの味はえもいわれぬものである。ただ、新婚早々の中野家で賞味したアスパラガスの缶詰とマヨネーズ・ソースはまた格別のものとして私の記憶に鮮明である。

公務員になって数年の中野の財政がそう豊かであったはずはない。しかし、当時として、これほど小粋な食物でもてなすことは中野夫妻の趣味であった。

＊

中野は順調に出世した。公務員試験の成績がどうであれ、中野の才幹はどこにいても目立っていたにちがいない。

中野が薬務局長に昇進したころ、大規模な薬害訴訟があった。スモンのように憶えているが、間違いかもしれない。大野正男は弁護士として海野晋吉の門下として出発、国鉄労働組合の弁護人などをつとめ、最終的に最高裁判事に任命されたが、法曹界の事情に怖しく詳しかった。あるとき、大野が、中野はスゴ腕だね、原告弁護団も裁判長も手玉にとって、和解をまとめあげたのだが、原告弁護団も裁判長もあれよあれよ、と見ているばかりだったそうだよ、と話してくれたことがある。中野は権力好きで、権力を使いこなして、裁判の結着をはかることに無上の喜びを感じていたにちがいない。

たぶん同じころだったと思うが、私は大日本製薬株式会社（現在大日本住友製薬株式会社）の顧問弁護士であった。中野と私とが旧友であったことを会社の首脳部が知り、一度顔合せの機会をつくってくれと私は依頼された。大日本製薬からは会長、社長、専務が出席、築地の吉兆に席を設けた。

中野がすこし遅れて出席、一酌したところで、話がはじまった。薬害被害者救済基金の計画のようであった。業界団体で、ある程度、素案がかたまっていたので、サリドマイド薬害の加害会社である大日本製薬がまず中野局長に会って厚生省の意向を打診することになったようであった。

中野は、一通り、大日本製薬側の説明を聞くと、

「きみたちの考えは甘くて、話にならんね、きみたちが考え直して出直すべきだな」

といったことを高飛車、居丈高に、剣もほろろに言い渡した。薬務局長が製薬会社の幹部に話すときは、こんなにも見下した態度をとるものか、と私は驚き、また旧い友人である中野徹雄の変貌に声をのむ思いであった。

＊

やがて、中野薬務局長が急病のため辞職するという新聞報道があった。次期次官と評判高い薬務局長が、そう重篤な病気ともみえないのに、どうして辞職するのか、といった記事も二、三見うけられた。こうして中野は厚生省を退職した。

竹山道雄先生は中野の消息を聞いて、中野君はもっと後世に名を残す業績をあげる人だと思っていたのに、と述懐しておいでになったと耳にしたことがある。竹山先生は、私のいう暗黒の三年間をご存知ない。たしかに中野は思弁力にすぐれ、語学力にすぐれ、たぶん独創的思想の持主であったが、同時に、政治権力が好きなことを竹山先生はご存知なかった。中野は野望をもっていた。それはさまざまの野望であり、かりに家庭的に富裕な境遇に恵まれても、学究生活に沈潜することのできるような性分ではなかった、と私は感じている。

＊

厚生省退職後、中野はドイツの代表的製薬会社であるベーリンガー・インゲルハイムの日本の子会社の社長になった。製薬業界で中野の名は鳴り響いていたようである。私はホフマン・ラ・ロシュというスイスの大製薬会社と関係があり、日本の子会社の社長とも懇意であったが、彼が、何か困ったときは、ミスター・ナカノに相談する、と言っていた。そのことを中野に話すと、どうしたら子会社は儲かるか、と訊ねるから、親会社からの仕入値を安くしてもらったらいい、と答えただけなのさ、と笑った。この当時になると、中野からは官僚臭がまったく失くなっていた。一高のころと同じ親しさであった。

たぶん一九八〇年代の前半と思うが、ベーリンガーが頼んでいる日本の特許事務所の質が良くないので、どこか良い事務所を探しているのだが、きみのところはどうかね、と訊ねられた。当時、私は中松先生の没後、事務所の再建と仕事の質の向上に苦労していた。ことに化学分野の弁理士業務は劣悪であった。とてもベーリンガーの期待に応えることはできない、と私は考え、そのように中野に返事した。

その後二、三年してまた同じような質問があった。中野は日本だけでなく全アジアのベーリンガーの業務を総括し、本社とも密接に連絡をとりあっていた。その二、三年の間に事務所には、川越高校、東京工大出身、化学専攻の小川信夫君という俊才が入所し、ついで熊谷高校、金沢大出身同じく化学専攻の箱田篤君という誠実な異才も入所した。これらの人々に加え二、三の有望な若い弁理士とともに、私はMPEPというアメリカの特許庁の審査官の審査便覧のようなものの講読会を催した。彼らの進歩はめざましかった。もうベーリンガーの仕事をひきうけても中野に迷惑をかけることはないと私は確信した。こうしてベーリンガーは私共の事務所の依頼者となり、継続的に出願の依頼をしてくれる大切な企業となった。いまでは小川・箱田両君も引退しているが、その後継者がベーリンガー本社と密接、親密な関係を保っている。これは中野徹雄が私に遺してくれた遺産といってよい。

＊

中野が厚生省を退官してから後、私たち夫婦と中野夫妻は四人連れで一年に一度か二度旅行することが多くなった。一高のころと違い、また官僚時代とも違い、中野はずいぶんと口数少なくなった。それに歩行が不自由であった。

いつか石山寺を訪ねたことがあった。中野は登れないといって、麓の茶屋で休んでいた。私と亡妻と絢子夫人が石山寺を見物して歩きまわった。帰途、義仲寺に詣り、芭蕉の墓に詣った。私にはさまざまな感慨がこみあげていた。中野とこうして義仲寺を詣でていることもその一つだったが、何よりも、生涯の終りに近く、青春を共にした二人がこうして観光旅行をするに至った歳月の迅速さであり、重みでもあった。その後、私たちは鄙にも稀といわれる郊外の日本料理店で昼食をとった。一高の寮で、また立川の寮で、ひもじい思いをしたことなど、思いださなかった。人生に去来するものはすべて忘れやすかった。

矢牧一宏

矢牧一宏は私の若いころの文学仲間『世代』の二代目の編輯長であった。初代の編輯長は遠藤麟一朗であった。『世代』は一高国文学会に属したいいだもも、中野徹雄らが中心となって推進し、一高の上級生であった遠藤を初代の編輯長に推したのだが、遠藤が退任して後、都立一中のいいだの同級生、成蹊高校を中退していた矢牧が二代目編輯長に推されたのであった。この経歴からみて、矢牧の見識、人柄、統率力を一高出身者が認めていたことが知られるだろう。

矢牧は一九八二(昭和五七)年一一月一九日肝臓癌により永眠した。彼と同棲していた内藤三津子が編集して翌一九八三年一一月『脱毛の秋　矢牧一宏遺稿・追悼集』が刊行された。年譜が付されていないので、矢牧が何年何月に何をしていたか、不明なのが残念だが、矢牧の小説・書簡の他、数多くの友人知己の回想を収めているので、彼を偲ぶよすがとして貴重な刊行物である。

内藤三津子に依頼されて、私も同書に「矢牧の思い出から」という一文を寄せている。その肝心な思い出は、いまも矢牧を偲ぶにつけて、書きおいておく必要があると思うので、引用することとする。

「直接矢牧の思い出というわけではないのですが、遠藤麟一朗が荻窪のバーで飲んでいたのにいあわせたことがありました。遠藤はやたらとはしゃいでいて、それこそ浴びるように酒を飲み、「豚が線路に」といった歌を次々とうたっていました。網代毅や内藤幸雄さんたちも一緒に唱和していました。その情景はおそろしく喧騒で、陽気だったのですが、どこか寂寥の気配もあって、デカダンスというのはこんなことなのかな、と僕は思っていました。その酒席に矢牧もいたのですが、彼は歌をうたうわけでもなく、醒めた物腰で、さりとて水をさすわけでもなく、影のように存在していたのでした。無関心のようで、それでいて、遠藤たちの騒ぎに溶けこむような存在のあり方が、印象的でした。

どこか投げやりで、醒めているのに、いつも周りに充分気遣っている、という感じを僕は矢牧からしょっ中うけていました。自分自身についても他人に対しても、どこか投げやりで、しかもそういう自分や他人を醒めた目付で見ていて、それでいて誰をも傷つけない気くばり、そうしたもので矢牧の人格ができていた、ように思います。酒を飲んでいても、溺れるほどではなかった、という点で遠藤とはずいぶん違っていたし、それでも自分を投げてしまっているようで、他人のためにその存在があるようで……、といった感じが屢々淋しい思いをさせたものです」。

このように書きうつして、矢牧も溺れるほどに酒を飲んでいたのではないか、という疑いをもつ。矢牧も遠藤と同じく溺れるように酒を飲んだのだが、遠藤が酩酊し、喧騒になり、破滅的に陽気にはしゃいだのに反し、矢牧はいかに酒を飲んでも、ただ顔の肌が蒼白くなるだけで酔うことはなく、ただ周りを気遣っていただけではないか、とも思われる。この騒ぎは遠藤が住友銀行に入社、東京の支店に配属され、まだ和歌山支店に飛ばされる前であったにちがいない。和歌山支店に転勤を命じられてから間もなく、遠藤はアラビア石油に転籍したからである。おそらく遠藤も網代毅も内藤幸雄君も内に鬱屈する磊塊をかかえていたのだろう。それが乱痴気騒ぎになったのだろう。矢牧は彼らを傍観していた。矢牧には彼らを気遣いながらも、彼らの中に入りこまない配慮があったし、彼らを見守るやさしさがあった。

たぶんそのころ、矢牧はピンフー荘のモミさんとよばれていると聞いたことがある。ピンフー荘という麻雀屋にいり浸って昼となく夜となく麻雀をうち続けているということであった。モミさんとはモミアゲが長いからだという。矢牧の精神は荒廃していたろう。しかし、勝っても敗けても平然と笑みをたやさなかったという。

＊

私は弁護士になってから友人知己の家に泊りこんだことはないはずだが、司法修習生のころまでは、他人の家に泊りこむような無作法も気にかけなかった。米川正夫・丹佳子夫妻邸と矢牧一宏の実家がそうした家の一、二を争うといってよい。矢牧の家に泊りこむと母堂に朝食をご馳走になってひきあげるのがつねであったが、母堂をお見かけしたことは一度もなかった。

武田百合子が同じ文集に「思い出すこと」という一文を寄せている。この文章は次のとおりはじまっている。この文章から私は矢牧家の位置などを知ることができた。私はいつも誰かに連れていかれたため、所在も確かでなかった。

「荻窪駅から北へ真直ぐに歩いて行く。途中に八幡様だかのお社があった。お社を過ぎれば、あと少しで矢牧さんの家だった。戦争に敗けて二、三年経つか経たないかの頃である。空襲で焼けなかった矢牧さんの家へ遊びに行くのが私は好きだった。いつもいいお天気の日の昼間だったような気がする」。

途中だが、「いつもいいお天気の日の昼間だったような気がする」という表現は武田百合子独特である。私は昼間矢牧家を訪ねたことはないし、矢牧家で武田百合子と一緒になったこともない。矢牧家は矢牧一宏の知人、友人で昼も夜も千客万来だったのだろう。

武田百合子の文章は次のとおり続く。

「旧制高校を中退してヒマそうな矢牧さんは、象牙のようなツヤの青白い顔をして、癇癪持ちの若殿みたいで、明るい広々した二階座敷を占有していた。イッコちゃん、と尻上りに小さな声をかけ、おかあさんは階段の踊り場にお茶や御馳走のお膳を置いて行かれた。正月の元旦か二日に、もう遊びに行ってしまったことがあった。おかあさんはいつものように、ひっそりと声だけかけられて、障子の外に何か置いて行かれた。蒔絵の立派なお屠蘇道具一式と三ッ重ねのお重詰だった。海軍少将だか中将であられたおとうさんの咳が階下から聞えてくることがあったが、お目にかかったことはなかった」。

武田百合子のこの記述で、私には腑に落ちるところがある。私たちは五、六人から七、八人連れ立って深夜矢牧家を訪ねた。矢牧の母堂が階段の踊り場に朝食をおき、イッコちゃんと声をかけたときには、いつも眠りこけていたので、母堂の声も知らず、顔も見知らなかった。それにしても、こうした子息の友人たちへのもてなしはわが家などでは思いもよらぬことであり、これがわが家のばあいであったら、朝食を供されることもなく、たたき起こされて、早朝、追い出されたにちがいない。矢牧の「若殿」然とした傍若無人の振舞は、私などには想像もできないのだが、だからこそ私たちは頻繁に矢牧家に泊りこんだのであろう。考えてみれば、これも青年期の思い上がりの一情景といってよい。

話は横道にそれるが、『故旧哀傷』の武田百合子の章で、彼女がチョコレートの行商をしていたことを記したが、この「思い出すこと」で、その経緯に矢牧が絡んでいることを記しているので書き添えておく。次の記述がある。

「矢牧さんは、私には文藝の話はせず、耳寄りな闇の話をいろいろしてくれた。それで、玉チョコを仕入れて行商することが出来た。中味はぶどう糖、表皮を進駐軍のハーシーチョコレートの粉でくるんだ玉チョコの製造元は浅草田原町で、何でも矢牧さんの遠い親戚にあたるおじさんの家だとかいうことであった。アイスクリームも売ることが出来た。禁制品であったから、クリームというとつかまるので、アイスクリン、といって売り歩いた。大分あとになってからのことだが――高級風ビスケットも売ることが出来た。このビスケットは武田にも売ったことがある」。

武田とは後の夫君、武田泰淳である。矢牧はたんに『世代』の仲間八木柊一郎の女友達というだけの縁で、こんなまめな気遣いをした。彼におのずから信望があつまり、彼を慕う若者が多かったのも、こうした気遣いのせいであろう。

武田百合子の文章は次のとおり続く。

「武田と結婚して天沼に引越したら、矢牧さんの家が思いがけない近さだった。生け垣の続く狭い横道を走って、よく金槌や電話を借りに行った。私が出先から戻ると二階から笑い声がしている。矢牧さんと武田がぶどう割り焼酎を飲んで、留置場の話なんかしているのだった。

娘が生れたら、早速見にやって来た。赤ん坊の枕元に、とんび足をしてぼんやりと坐っている私を、つくづくと眺めたあげくに苦笑し、「君はもうダメになったね」と、にべもなく言ったので、私は顔のまん中をいきなりぶたれたようで、実にくやしく思った」。

龍星閣版『智恵子抄』の巻頭に「人に」と題する詩が収められているが、高村光太郎による初出は「N――女史に」と題され、『劇と詩』第三巻第九号、大正九年九月一日刊に発表された。初出形の第六連（『龍星閣版』の第四連）は次のとおりである。

なぜさう容易《たやす》く
さあ何と言ひませう——まあ言はば
その身を売る気になれるんでせう
さうです、さうです
あなたはその身を売るんです
一人の世界から
万人の世界へ
そして、男に負けて子を孕んで
あの醜《みにく》い猿の児を生んで
乳をのませて
おしめを干して
ああ、何といふ醜悪事でせう
あなたがお嫁にゆくなんて

まるで、さう
チシアンの画いた絵が
鶴巻町へ買喰ひに出るのです
いや、いや、いや
いやなんです
あなたの往つてしまふのが

当時長沼智恵子といった智恵子の婚約に対する高村光太郎の異議申立だが、龍星閣版で削除された主な箇所は

あの醜《みにく》い猿の児を生んで
乳をのませて
おしめを干して

などの数行である。これは高村光太郎・智恵子夫妻が生涯子をもたなかったことの動機を

示すかもしれないし、たんに婚約に対する高村光太郎の極端な嫉妬とみるべきかもしれない。ただ、矢牧が武田百合子に「君はもうダメになったね」と言ったことの真意は、子をもつ平凡な母親になったという意味か、もっとふかい意味があるか、考えてみる必要がある。

＊

もう一話、武田百合子の文章から引用したい。

「昭和四十九年の末だったか、五十年に入ってからのことだったか、脳血栓を患ったあとの武田が、私の口述筆記で「目まいのする散歩」を雑誌に連載しているときだった。夜、新宿で矢牧さんにばったり出くわした。久しぶりに矢牧さんとしゃべっているうちに、こずっと一人で心の中で考えていることを口に出して訊いてみたくなった。「小説の口述筆記を女房がするなんて、ほんとはよくないことだろうねえ」矢牧さんは首をたて直し、天の一角を睨み上げ、一寸考えてから言った。「あれは、花ちゃん（娘）とあなたにあてた泰淳さんの遺書だと思うよ」私は何だかさっぱりと気が落ちついて、その後も口述筆記に励んだ」。

ただ、口述筆記を勧めるなら誰にもできるかもしれない。「目まいのする散歩」はすぐれた作品だから。しかし、「花ちゃん（娘）とあなたにあてた泰淳さんの遺書だと思うよ」という口説きは凡庸ではない。たしかに矢牧一宏は名編集者であった。いいだももは同書中の「わが生はあまりに夙《はや》く……」という文章中、「安岡章太郎さんは、よく、『世代』に出た矢牧の「脱毛の秋」と吉行の「路上」のどちらが芥川賞になるかは、あの頃ではサイコロを転がしてみるようなものだったろうな、とわたしに述懐したものです」と回想しているが、「脱毛の秋」については後に考えることとし、安岡さんがいいだの回想したように述懐していたとは信じがたい。

安岡さんは葬儀のさい次のとおり弔辞を述べている。

「ところで人は君を「なまけもの」であつたといふ。或いはさうであつたのかもしれない。しかし僕の接した限り、君が救ふべからざる懶惰の人であつたとは到底思へない。生前、君は僕の雑文集を一冊、編纂してくれたことがあるが、その仕事振りは精力的で、綿密で、かつ甚だ凝り性であつて、取るにも足らぬ雑文の残骸を曲りなりにも一応、筋の通つた一本にまとめ上げてくれた。気をつけてみると、君の手がけた本は、すべて独自の視野と批評眼と強烈な主張を持つたものであることがわかる」。

安岡さんは弔辞の中で矢牧の編集者としての手腕は認めても、「脱毛の秋」を評価していない。ただし、別の機会にいいだが回想したような述懐を述べたことがありうるかもしれないが、そうであれば、その片鱗でも弔辞でふれることができたはずである。

矢牧が『田中英光全集』の企画をもちこんだ芳賀書店の芳賀章さんの回想も似ている。「矢牧さんを知ったのは、経営されていた七曜社が倒産して、私のところで在庫処理を引き受けた時であった。最初にお会いした時、キラリとする何かを持っている人だという強い印象を受けたことを記憶している。私とは異なる質を持った人であり、それがまた幸いだったのかもしれない。

『英光全集』のあと『原民喜全集』全二巻（普及版全三巻）、発想シリーズ（安岡章太郎・吉行淳之介氏のエッセイ集）など、矢牧さんの残したユニークな仕事が小社の出版歴のなかに今なお重きをなしている。矢牧さんの持っていた企画編集者としての才能は高く評価されてよいと思う。「文藝出版の編集者として日本一」と話された安岡章太郎氏の言葉がしみじみ思い起こされる」。

この芳賀章の文章中、『田中英光全集』の編集担当として「元木（矢牧）住子さん」の名がある。私は面識を得ていないが、後にふれることになるだろう。

*

編集者、企画者としての矢牧の才能は衆目の一致するところだったようだが、出版社の社長ないし責任者として才能があったか、となると、また別のことである。同書中の埴谷雄高さんの「矢牧一宏のこと」は次のとおり書きおこされている。これは一九六〇年代の前半のころのことであろう。

「矢牧一宏と会うのは、何時も、夜遅い新宿のバアであったが、不思議なことに、ただ一度だけであるが、七曜社時代の矢牧一宏に連れられて、或る日の午後、神楽坂の向うにある七曜社に私は行ったことがある。彼としては、その頃、何かのルポルタージュがやや売れた社を見てもらいたかったのであろうが、小さな社内を私が見廻すと、壁いっぱいに在庫の書物が積まれていて、一冊くらいの本が僅か売れても、とても他の欠損をつぐなえるとは思えなかった」。

社員の側からみた矢牧一宏も一瞥しておく必要があるだろう。同書に「黄昏の酩酊——都市出版社の頃」と題する中村邦生という方の文章が収められている。一九七〇年ころのことと思われる。

「まず思い出すのは何の変哲もない日常的な場面のあれこれです。居宅と会社が一緒の代々木ハイツ四〇八号で、いつも昼過ぎに起き出してきて、毎日必ず明治ヨーグルトを忙しく匙をかしゃかしゃさせながら食べている姿です。台所で立ったままのこともあれば、神宮の森の見える窓際の椅子に坐りながらのこともありますが、食べ終るとたいてい深い溜め息をつき、それからこれまた忙しく金策の電話をかけまくります。

別に食べ物の連想というわけではありませんが、こんなこともありました。外出した帰り、たまたま途中で一緒になった守屋建洋と近くのラーメン屋に入ると矢牧さんがいて、お互いになぜか妙に照れ臭いのです。矢牧さんは汗をかきながらせかせかと先に食べ終ると、私たちの代金も黙って払って出て行こうとします。お礼を言うと、矢牧さんはわざと聞こえない振りをしてまるで恥じ入るように店からあたふたと出ていったのです。いい人だと思いました。そのとき、クリーニング屋に出したスーツやオーバーの入った大きなビニール袋を腕にかかえていたのをどういうわけかよく覚えています。いつもお洒落な人でもありました」。

「矢牧さんはおよそ何かを管理するなどといったことにはまったく無縁の人でした。居宅と職場が一緒なのですから、私生活はほぼ丸見えで、これほど無防備な「経営者」も珍しかったのではないでしょうか。社長が付けで飲んだ飲み屋の借金取りをうまくあしらうのも、いつしか社員の仕事の一部みたいになっていました」。

＊

『世代』の仲間だった宇根元基が「ながいつきあい」という文章を寄せている。

「……彼はこうした本の返本の山に囲まれて……それから……一つお茶でもと私を連れ出します。十米ばかり先の左手の急な坂道を五十米位くだって左側の喫茶店です。「元気？アルコールはダメでしょ。コッヒーでいいですね。痛飲はいけない。コッヒーのガブ呑みもダメ。ミルク・牛乳が一番いい。丈夫なことが一番。睡眠薬はいけません。常用したらキキメがない……」いつもこれが話し出し、それも立てつづけ一気にシャベリまくります。そして後談は金ぐりの依頼でした。いとも平然として、五万ある？　十万でもいいんだ。二十万の約手があるけど。あずけます。いいよいらない。あした五つとどける。じゃあ明日、十一時頃。渡すときも、ありがとう、すまない。いずれどうにかしますから。例の喫茶店でのことです。そこで、レヂは僕がと彼が先に立つ、伝票は女の子に渡すだけチンというあのレヂの音もしない、じゃあと一声手を挙げてゆう然と出て行きます。大人（タイジン）の風、歴然たるものです」。

「私は友人間の金銭貸し借りは貸借ではない。都合によることと思っていましたから別に気にしていません。ただ額面二五〇万約束手形の割引、裏書きのときはハッキリとお断りしました」。

矢牧の金策の無礼、無作法はただ呆れるばかりである。宇根元の文章の続き。

「その後、「都市出版社」昨今話題の〝家畜人ヤプー〟で大当り、代々木ハイツの事務所臙脂のじゅうたんを敷きつめた、雑然というより錯乱状態の室、アルコールびんのころがり、吸いがらのはみ出した灰皿、通俗的には出版編集者の居室、こんな中で、もっとも、こうした状況から素晴しいものが世に出るもの……大儲をした、そんな風には少しも見えない。壮絶に使い果したと、後で聞きました。なにが壮絶だったのか伝説でしかないでしょう。かれこれ一五〇万位彼には渡しました」。

この記述からみれば、『家畜人ヤプー』の出版費用も宇根元からの借金だったのだろう。儲かったと聞けば滞っていた債権者は群がって取立てに来るだろうし、そうでなくても、取巻きの連中は日々増えて矢牧の勘定で飲み食いするだろう。儲けは「壮絶」に泡となって消えたにちがいない。

『家畜人ヤプー』は矢牧の出版者としての唯一の儲かった仕事だったが、その結末は右のようなことであった。

*

「脱毛の秋」は矢牧が『世代』創刊号に掲載した労作である。矢牧の人柄や編集者としての才腕などにふれてきたが、最後に、矢牧の本領である小説家としての資質について考えてみたい。

「脱毛の秋」が僅か一九歳かそこらの青年が書いたものと知れば、誰もがその早熟、老成ぶりに驚くにちがいない。

「照美の歌ふ端歌に、三木も口を合せて歌ひ終ると、歌ひ終つて何か喋しかける照美を、彼は何故ともなく、むつとおさへて、煙草に火をつけた。しばらく二人とも気まづく無言であつた」。

山奥の温泉場の藝妓照美と主人公三木とが出会った情景でこの小説ははじまる。川端康成の『雪国』に似ているが、右の二行だけでも、照美と三木の気まずい雰囲気が眼に浮かぶような見事さである。このような才筆は「脱毛の秋」全篇をつうじてみられるところであり、矢牧の尋常でない描写力を窺うに足りると私は考える。

しかし、この労作はもっと余計な枝葉を刈りこんだら、はるかに良い作品になったにちがいない、とも私は考える。たとえば、こういう一節がある。

「父親の死は、経済的にも打撃であり、その上、後から〳〵多額な負債が出てくると、愈々暗澹となるのだつたが、ちやうどその頃、一生独身だつた伯母が彼の為に遺産を残して亡くなると、どうやら破産を免れ、又続いて母親も死ぬと家を売り払ひ、会社を退いて志津子と二人、都会を離れた、海辺の町に移り住んだのだつた」。

主人公の三木が生活に困らないことをいうなら、親の遺産があったといえば充分であり、父親が負債を残したとか、伯母が遺産を残したとかといったことは、ことさらことわるまでもない。まして都会から離れた海辺の町に住むなどということも、この小説のストーリーとは何の関係もない。これはいわば瑕瑾ともいうべき、無駄な表現だが、もっと無意味なのは照美という人物の登場である。温泉場の藝妓というだけで、この小説の主人公三木とその妻志津子、志津子の恋人で彼女よりはるかに年少の評論家、志津子の子の本当の父とおぼしきMという青年、といった四人の間の愛憎が、この小説の主題なのだが、照美はこうした関係に絡むところがない。たんなる添え物にすぎない。幼い矢牧が若い藝妓を登場させることによって、小説に色気というか艶を出そうとした、浅智恵だったのであろう。

私見によれば、この小説の主題は次の志津子の言葉にある。

「竹久さんが言ってたわ、あなたは子供だって、それも子供の純潔をなくした子供だって。さうよ、あたしは、あなたのその子供に、だまされたんだわ。そんなこと、聞くなんて、みつともないぢやないの。女を女に出来ない男は黙つてればいゝのよ。竹久さんが言つてたわ。どんな弁解があつても、自分の妻を女にしてやらない男は卑劣だつて」。

この問答からMという男が浮かび上ってくるのだが、この三木の深層心理には、男は女を孕ませてはならない、女は子を生んではならない、という臆病な、男性失格の不安感、挫折感があるのではないか。

ここで武田百合子に矢牧が「君はもうダメになったね」と語ったという言葉の深層にも同じような不安感、挫折感が潜んでいたのではないか。そう考えると、「脱毛の秋」は早熟、老成の作だとはいえ、底流には若者の不安、未熟さが隠れているというべきではないか。また、「人に」と改題された初出誌「N——女史に」にみられた高村光太郎の子を孕むこと、子を生むことの嫌悪感も、矢牧の心理にないまぜになっていたのではないか。

「脱毛の秋」は矢牧一宏の稀有の才能を認めるに足りる作品である。しかし、私はこの作品の最大の欠点は構成に難があると同時に、時代が描かれていないことにあると考える。これは昭和戦前でも大正でも、あるいは一九四六年でも、いつの時代における男女関係を描いた作品であるといっても通用する。しかし、小説はつねに時代を背景において描かれなければならない。しかも時代を超えた普遍性をもったときに名作といわれる。吉行淳之介の「路上」にも時代風俗が描かれていた。時代風俗の中の男女が描かれていた。「脱毛の秋」にはこうした時代も描かれていなかったし、時代を超える普遍性も描かれていなかった。私は「脱毛の秋」が芥川賞候補になることはありえなかった、と亡友の才能を惜しみながらも、考えざるをえない。矢牧の才能を惜しむにつけても、その人柄の懐しさは私の心をうってやまない。

＊

最後に、矢牧の結婚についてふれることとする。私は知らなかったが、彼は元木さんという女性と久しく同棲していたそうである。私は弁護士として多忙で、友人間の消息に疎かった。元木さんは妊娠なさった。そこで生まれてくる子のためにも婚姻届を出すこととした。矢牧は知らなかったというから、ありあわせの印を押したのであろう。いいだが婚姻届の証人として押印したという。そのことを知った矢牧はすぐ区役所へ行って離婚届を出そうとした。すると戸籍係は、離婚届を出しにきても偽造だから受理しないでくれ、と申し出られているといって離婚届の受理を拒否したそうである。矢牧も矢牧だが、元木さんの方が一枚上手であった。

不可解なのはいいだの態度であった。いいだは婚姻届に証人として押印しながら、二人の間のことだから、勝手にしたらいい、といって、二人の間を仲介しようとしなかった。それ故、元木さんが戸籍上、法律的に矢牧の正夫人であり、子息が矢牧の嫡子である。

このことが葬儀のさいに問題になった。一部に反対があったようだが、嫡子が葬儀に参列、香華を手向けた。矢牧に似た美少年であった。一三、四歳ではなかったかと思う。どのように成人なさったか、元木さんも苦労しただろう、などと思いめぐらすと、いたわしい思いに襲われ、やりきれない感がつよい。

出　英利

現在は小石川中等教育学校といわれる東京都立五中（入学時は府立五中）に私が入学したのは一九三九（昭和一四）年であった。その後一九四四年三月に卒業するまで、私は旧制中学時代を愉しく過した。一学年二五〇名の生徒はA組からE組までの五組に分かれ、五年間をつうじて組替えがなかったので、私は終始D組であった。組によってはかなり軍国主義的風潮のつよい組もあったが、D組は反軍国主義といえないまでも、軍国主義に無関心な雰囲気がつよかった。医師になるため医学部や医専に進学した者が一〇名を越しているし、理系の大学や高等専門学校に進学した者が三分の二程度を占めていたのも、文系の大学高専に進学すると、徴兵猶予されなくなっていたため在学中に徴兵されることがはっきりしていたからであり、彼らはみな、いわば徴兵逃れのために理系の大学等に進学したのであった。海軍兵学校などに進学した同級生も二、三名はいたはずだが、彼らはD組の中では極少数派であったから、D組における居心地はずいぶん悪かったであろう。反面、中川一朗を中心とする穏やかで成績の良い生徒たちが中心であり、彼らとすこし距離をおいて、高原紀一、出英利、上条孝美や私など文学、映画好きの生徒たちのグループがいた。中川は成蹊高校から東大理学部に進み、助教授を長く勤めた後、東北大学教授として仙台に赴任したが、間もなく結核のため病臥することとなり、ほとんど授業をすることなく死去した。彼は中学時代から繊弱であった。中川は成蹊高校に進んだが、D組の同級生一〇名ほどが一高に合格した。五中から一高への入学者は例年、四年修了で合格する者、五年卒業時に合格する者、一、二年浪人して合格する者のすべてをあわせて三〇名から三五名の間だったから、私たちのD組は異常に一高への合格者が多い。高原も上条も当時肺尖カタルといわれていた病気のため小学校時代に一年休学して五中に入学したので、私たちに比べてすこし早熟であった。彼らに感化されて、D組の生徒たちは皆どちらかといえばすこし早熟であった。勉強好きな生徒たちもすこし早熟であった。ごく少数の例外は別として、高原たちの不良少年っぽい行動にも寛容であった。不良少年っぽい行動といっても、どうというほどのことではない。家族に連れられずに、学生服のまま、喫茶店やあんみつ屋、映画館に出入りすることなどにすぎなかった。高原紀一と出英利がそんな生徒の代表と目されていた。

毎年の父兄会に母が出席すると、個人面接のさい、担任の関口先生は母に、これが自分の息子のことを言っているのか、信じられないほど私を褒めてくださったという。私は教練、体操、武道のいずれも一〇点満点で六点だったが、学科の成績はおおむね良かったからであったし、私の品行を担任の先生がご存知ないからであった。そこで、毎年、母は、高原君や出君と遊ばないように、よく注意なさってください、と言われたそうである。これら二人こそ私のもっとも親しい仲間であった。

＊

出英利について最初に思いだすのは、当時器械体操といった鉄棒の授業のさい、鉄棒につかまったまま、ただぶらさがっているだけで、懸垂がまったくできなかったことである。腕力が弱かったにちがいないが、屈伸運動によりすこしでも身体を上げようという努力をはじめから放棄しているようにみえた。小日向台町という山の手に育った都会っ子らしかった。懸垂がすこしもできないからといって、恥じ入るふうはなかったし、悪びれるわけでもなかった。私が育った大宮では、どんなに運動能力の乏しい子も、もっと野性的であった。出にはそういう野性的な素質が欠けていた。そういえば、後年出が心酔し師事した太宰治にも野性的な資質が認められない。

出英利が東大で哲学を講じている出隆教授の次男であることは、誰からともなく教えられた。出隆教授は敗戦後日本共産党に入党、東大教授を辞して東京都知事選に立候補、落選した経歴をおもちである。ただし、間もなく共産党とは縁が切れたようである。むしろ旧制高校生の必読書として西田幾多郎『善の研究』、倉田百三『愛と認識の出発』と共に必ず挙げられる『哲学以前』の著者として知られていた。

父親の話になると、出は必ず、親父は哲学史家（あるいは哲学史学者）であって、哲学者ではない、と誤解を正すのがつねであった。哲学者でない者がどうして東大で哲学を講義できるのか、中学生のころの私には不可解だったが、いまとなって考えれば、出が哲学者でないとことわったのはもっともであった。いったい日本には哲学者がいないようである。西田幾多郎、田辺元、三木清の三名だけがかろうじて哲学者というに値するかもしれない。しかし、出隆がギリシャ哲学史研究者として、またギリシャ語学者として、卓越した存在であったことは、出隆の教えをうけた今道友信の回想からも充分納得させられることであり、出隆が哲学者でないことは出英利にとって決して恥ずべきことではなかった。

ところで、出英利の兄哲史さんは五中から浦和高校を経て東大在学中、学徒動員により徴兵され、戦死なさったが、この哲史という名は哲学史を専攻することに決意したことに由来する、と聞いたことがある。また、英利は英吉利《イギリス》留学中に生まれたことから名づけられたそうである。出隆教授には『英国の曲線』『空点房雑記』という随筆集がある。これらの著書に収められた随筆は出隆と同じ岡山出身の内田百閒の作品と似通った興趣がある。その興趣とはにが味のきいたヒューモアであり、広島県の出自だが、岡山県に近い井伏鱒二にも同じくにが味のきいたヒューモアがある。ただ、出隆の随筆は内田百閒、井伏鱒二の作品のヒューモアよりももっと知的である。私は名著は後世に残るだろうと信じてきたが、出隆の随筆は『出隆著作集』に収められて以後省みられないようである。おそらく岩波文庫や講談社文藝文庫の編集者は出隆の随筆のような古典的価値のある名著を読んだことがないにちがいない。読めば捨てておくはずはないと私は信じている。

出英利も出隆のそうした文筆の才能をうけついでいたであろう。だが、彼は高原紀一とともに私の文学仲間だと記したが、文学談義に耽ったという記憶はまったくない。むしろ上条孝美をまじえて映画について論評しあったり、知識をひけらかしたりする機会の方がはるかに多かった。

ただ、出から山岸外史の話を聞いたことがある。山岸外史は同人誌『青い花』に太宰治、檀一雄とともに加わっていたし、東大の哲学科の出身だから、たぶん出《いで》家を訪問し、出隆と面談したさい、同席したのではないか。山岸が『人間キリスト記』で何かの賞を受けた前後であり、後に日本浪曼派に加わったが、その気炎に出英利はすっかりあてられたようであった。その席に太宰治も同じくしていたのではないか。それが出英利が太宰の面識を得た最初なのではないか、と私は想像している。

五中時代の出英利の文学的活動については四年生のとき、校内誌『開拓』第三三号に発表した詩「鏡」と五年生のとき、同じく『開拓』第三四号に発表した詩「あをいらんぷ」の二篇を紹介しておかなければならない。まず「鏡」は次のとおりである。

世は冷く私を蔽ひ
暖かき思ひ出のみ
私を死より救ふ。

喜びと笑ひの前に
はや
私の鏡は割れてしまつた。

「あをいらんぷ」は第二節だけを引用する。

かのみなそこの　しろいふくよかな
肌へに　いくすぢかのひかりが
ながれこんで
ふかいふかい　まどろみのうちに
探しあぐねてゐた
わたしの　あをい　らんぷが
なかば埋もれて
ほしのやうに　もえてゐる

「鏡」は難解な作品である。この難解さはたぶん作者の稚さと表現の貧しさによるのだが、おそらく、自分の周囲の圧力に崩壊する自我をうたいたかったのではないか。鏡が彼の自我を映しだすもう一人の自我であるとすれば、周囲の世界の圧力によりもう一人の自我が崩壊し、そうなれば当然本来の自我も崩壊する、と言いたかったのではないか。

これに反し「あをいらんぷ」はみずみずしく抒情的であり、表現もよほど洗練されており、別人の感がある。ただ、ここでも水底にふかく沈むらんぷを探し求めて、探しあてることができない、もどかしさをうたっているのであって、絶望に近い心情が訴えられているように思われる。

東大で哲学史を講じる出隆という碩学を父親にもったことに、出英利は複雑な思いをもっていたにちがいない、と私は想像している。兄の哲史さんも成績の良い方だったと聞いている。出英利は出来がひどく悪いわけではないが、きわだって良い方ではなかった。彼にとって父親ないし出家《いで》は誇りであると同時に負担であった。どこかに自分の居場所を見つけなければならないという焦燥に駆られていた。矜持と劣等感がないまぜになっていた。山岸外史の気炎にあてられたのもそのためだが、日本浪曼派に加わっていく山岸より、たぶん同席した太宰治の含羞に出英利は共感したのではないか。

＊

一九四四年三月、私たちは都立五中を卒業し、出は早稲田大学の第二早高に進み、高原は東京商大の専門部に進み、私は一高に合格できた。九月ころ出は青梅線沿線の小学校の代用教員になった。出家《いで》のしがらみから自立したいという願望によるものだったと思われる。せっかく第二早高に進学しながら、休学して代用教員になることにも出隆教授もその他の家族も寛容であった。小学校に通うのに小日向台町に住むのは不便だという口実で西荻窪のアパートの一室を借りて住むこととなった。そのアパートに高原が同居することとなった。出がどれだけ代用教員を真面目に勤めたかはきわめて疑わしい。東京商大に通学するのに西荻窪のアパートは便利だったはずだが、高原もまともに出席しなかったらしい。というのは、二人は土龍座と名づけた劇団を組織し、上演に向かって熱心にうちこんでいた。彼らは早稲田大学の前の玉突屋の二階の三畳の部屋を稽古場に借りていた。

いつの間にか出英利の周辺に出を中心とする集まりができていた。彼らは皆第二早高の学生であった。ここで出は関口台町小学校の同級生であった佐野英二郎と再会した。出と佐野と交友関係のあった井坂隆一、山澤貴士、若林彰らが出を中心とする土龍座の面々であった。高原の記憶によると、菊池寛『父帰る』と三好十郎『浮標《ぶい》』を上演する予定だったという。また、佐野の声量豊かな台詞に一同が圧倒されたという。ただ、間もなく佐野は海軍予備学生を志願したので、土龍座からぬけたはずである。

どう考えても、出の周辺に友人たちが集まるのか、ふしぎな感じがつよい。出はカリスマ性をもっていたわけでもなく、親分肌でもなく、雄弁でもなかった。土龍座を組織しても主役をつとめるわけでもなく、何の役もつとめることにはなっていなかったはずである。衒いのない、含羞を帯びた表情で、確固たる存在感をもって、位置を占めていた。一同の隅にいても、なお、彼が中心であるかのようにみえた。私からみると、彼はいつもたよりなげであったが、切実に生きているという感があり、彼の表面のたよりなげな生き方の裏に真率で信頼できる人格が潜んでいるようであった。彼が友人たちから信望された所以を私はうまく説明できないのだが、一見飄逸にみえながら、本音の誠実さをかいまみせている、そんな感じが私たちを惹きつけたのであろう。

一九四四年一一月か一二月、小規模の空襲により玉突屋が焼失した。土龍座も自然消滅した。土龍座は日の目を見ることはあるまいという予想から名づけられたのだが、その名のとおりになったわけであった。

＊

練馬区桜台に出と高原が借りていた家に太宰治、亀井勝一郎の両氏を招き、酒席を設けたこと、この席に三島由紀夫氏も加わり、太宰氏に向かって、私は貴方の文学を認めない、といった趣旨の発言をし、太宰さんが、そう言ってもこうしてここに来ているじゃないか、といった趣旨のことを言ったこと、この会が終って、私は三島氏と一緒に渋谷駅まで戻り、真暗な渋谷駅で三島氏を待っていた彼の父君と三人で、松濤の家に帰る三島氏父子と駒場の寮に戻る私とが話し合いながら、深夜の街を歩いたのが、一九四六（昭和二一）年一二月二四日だったことが三島氏の日記によって確認されている。この日記には、「高原君のところにて酒の会、太宰、亀井両氏みえらる。夜十二時帰宅」とあるそうである。三島氏自身の回想では太宰さんと口論のあげく、中座したように書いていたと記憶するが、これは間違いであって、会の果てるまで同席し、深夜ようやく帰宅したのであった。いつ帰るか分からない息子を待って渋谷駅の改札口で待ちつくしていた三島氏の父君の親ばかぶりに呆れた思いがつよいのだが、その父君も一高出身だったので、帰宅途上、かなり話がはずんだのであった。そのときに私は三島氏と面識を得、その後しばらく交際があったが、やがてまったく途絶えた。このことは出英利とは関係ないので、これ以上は記さない。

都立五中で私たちよりも一年下級に相澤諒という詩人がいた。仲村久慈氏の主宰する『若い人』という詩誌に属していた。その相澤の『若い人』関係の友人に清水一男さんという方がいて、彼かその父君が桜台の畠の中に二階建ての一軒家をお持ちだった。その家に出と高原が住みこむことになったのであった。

相澤はすぐれた資質をもつ詩人であったが、一九四八（昭和二三）年九月二九日、腸結核の末期、大宮日赤病院で服毒自殺した。私は彼の遺稿から選んで、一九八一（昭和五六）年『風よ　去ってゆく歌の背よ』という詩集を刊行したが、この選詩集には彼の遺した作品の三分の一ほどしか収められていない。私は全作品のコピーを所持しているので、これらを収めた遺稿詩集を私の自費でも出版したいと考えている。彼の作品は純粋な言葉を追求して、その果てまで見すえた、高い独創性をもっているので、是非実現したいのだが、私自身の仕事の多忙にかまけて、いまだ実行できていない。

ところで、太宰さんをお招きしたかったのは出であり、亀井さんをお招きしたかったのは相澤であった。相澤は父君が本庄郊外の酒造家の出身だったので、酒が容易に入手できた。酒があれば酒を牛肉にかえることもできた。たしか料理はすき焼だけで、その他は日本酒が飲み放題ふんだんに用意されていた。太宰さんも亀井さんも酒につられて桜台くんだりまでおいでくださったのである。

このことを記しておくのは、この時点で出は太宰さんの許に弟子同様に出入りしていたので、お招きする手配ができたという事実である。弟子といっても、出は生涯一篇の小説も書かなかったから、小説をご覧いただいて批評などをしてもらったはずはない。気分として師弟関係にあったというにすぎない。つけ加えれば、三島氏は彼の少年時に詩作について師事した川路柳紅の子息、川路明さんという方と一緒においでになったのである。川路明さんはたぶん出の第二早高の友人グループの誰かと知り合っていたために誘われ、自分が出席するのについて三島氏を誘ったのではないか、と私は想像している。

＊

私が『世代』の会合に出、高原を誘ったのもたぶんこの前後であった。矢牧一宏は出と出会ったのは一九四七年六月ころと記憶していると書いているが、一九四七年四月から私は父の勤務先の水戸で生活していた。父の給料では私を東京に下宿させることなど思いも及ばなかったためだが、私が水戸で暮らしはじめる前、いいかえれば東大入学前、一高在学中に彼らを誘って『世代』の会合に出たと思われる。『世代』は休刊していたが、中心だった日高普、清岡卓行、小川徹、吉行淳之介らは不定期、断続的に会合を続けていた。私もそうした会合にはほとんど顔を出していた。やがて村松剛、大野正男、菅野昭正、橋本一明らも参加して同人誌として一九五〇年の暮か五一年初めにガリ版刷で第一一号を発行して第三期がはじまったわけだが、高原は二度と会合に出席しなかった。考えてみると、神田育ちの高原は『世代』の人々の旧制高校的教養主義とは肌が合わなかったようである。しかし、出は『世代』の仲間たちの間にすんなり溶けこんだらしい。出隆教授の子息である出英利には『世代』の雰囲気はそう異和感を覚えさせるものではなかったにちがいない。

はじめて会ったころの出について『世代』第一五号の「一月八日未明」という文章で矢牧は次のとおり記している。

「僕らはまだ幼い衒気と、はじめて自分の作品のゲラ刷りに目を通す青年の持つような、誇りと希望とに満ち、且つ人生の実直な歩行者たらんとしていたのだが、君は胸は酒に焼け、既に熟練されて特有な香りを放つ、微妙な羞恥に裏付けされた道化的言動と、老成され巧みな機智とを織りまぜた話術とを持って、僕らを驚かした。が、そのような君を通して、例えば「余りに早く文学に手術された日本の青年の惨めさと空虚さ」に就いて語ったところで、太宰治に手術された君から何の作品も生れなかった以上、君を冒瀆することにしかならないだろう。また、一個の優れた演技者として、君が僕らの眼にやき付け、耳朶に残した、風貌、言動はいづれ誰かが語るだろうし、後日にも語りつがれてゆくだろう」。

また、『世代』第一一号に小川徹が「近世四年の記録」と題して、休刊中の『世代』の人々の行動を要約しているが、その文中「飯田の努力で「赤門文学」や「新思潮」とはなし合のさい、出が例のとぼけた調子で「リンゴの絵のどこに階級性があるのですか」などといったのも思いだす」と書いている。私はその種の会合に出席していないので確かではないが、出の発言からみると安部公房らの「世紀」の会の人たちとの会合ではなかったのかと考えている。小川が「例のとぼけた調子」というのは、矢牧のいう「微妙な羞恥に裏付けされた道化的言動と、老成され巧みな機智とを織りまぜた話術」とは同じことだろう。私は『私の昭和史・戦後篇下』中、「矢牧も小川も見落としていることは出の純粋な魂であり、他人を傷つけまいとする出のやさしい心であった。道化的言動も、機智も、とぼけた調子も、じつは出の純粋さから出た本音を語るための対人的擬態であった」と書いた。さらに加えれば、はにかみがちな、自己を道化に仕立てた言動は、誇りと劣等感とをないまぜにもちながら、他人に接するための演技であったし、そうした演技をとぼけた機智とみせたのは出隆教授ゆずりの知的ヒューモアであったと思われる。こうした複雑な陰翳に富んだ自己を客観化して文学作品に結晶化することは至難である。考えてみると、私は出英利ほど複雑な陰翳をもつ人格を他に知らない。だから出は一篇の習作も残すことができなかったのだと考えると、いたましくてならない。

このころの出の風貌は、懸垂もできない、弱々しい小日向台町育ちの少年時とはまったく変っていた。酒焼けした肌、ばさばさの長髪、細いくせに堂々と見せかける姿勢の良さ、人なつこい眼が、時に不気味に光ることがあった。出はこのごろ立派になったということが中学以来の友人たちの間で評判だった。私も出はルイ・ジューヴェのような俳優になったらどうかと思っていた。

そのころ高原は桜台の馬淵さんという中年の親切な女性の家に下宿していた。五中の級会が予定されていた夜、高原は欠席するので、会が終ったら寄ってもらいたい、という伝言をうけとって、出と上条と私とが馬淵さんのお宅へ立寄ったことがあった。ところが、高原のところに来客があり、その方が泊ることになったので、きみたちはひきとってくれ、と言われた。夜もだいぶ更けていた。来客は女性だったにちがいない。高原が玄関から顔を出して「君たちは友情に篤いからなァ」と低い声で言った。桜台の駅で出が「僕の家へ来いよ、僕の奥さんは馴れているから、いくら遅くても大丈夫だ」と言い、「奥さん」の酔っぱらいの扱いのうまいこと、生活能力のあること、料理の上手なこと、競馬やパチンコの上手なこと、などを喋りまくって誘ってくれた。私は三鷹まで行くより大宮へ帰る方が近いので、せっかくの出の申し出をうけなかった。私の父が東京高等裁判所に転任になり、大宮へ戻ったのが一九五〇（昭和二五）年四月だから、その年の一〇月初旬のことであった。出はその複雑で純粋な陰翳に富む人格を文学作品として表現するに足る才能に恵まれなかった。じっさい、そんな才能をもつ人間は想像できないのだが、「奥さん」には恵まれたのである。

＊

矢牧一宏の前掲「一月八日未明」は出の死までの経緯を書いた追悼文だが、矢牧の文学的資質を窺うに足る名文である。

「一月七日夜、君は殆ど一年振りで世代例会に出席し、帰途二、三人の友人と一緒に渋谷の飲み屋に寄り、かなり酩酊して荻窪行きの省電に乗ったのは、十二時を過ぎていた。電車の中で君は大変上機嫌だった。中村稔の母君の話から、最近に中学の級会で、中村に麻雀で巻き上げられたと云う話（中村に質すとその日は麻雀はやらなかった由）、或は競馬で当てた金で、高価な指輪を聖子さんに送った由、彼女が死ぬ頃、自分は多分落魄しているだろうが、そいつを売って、モンテカルロなんか……――など「旅路の果て」のサンクレールまがいの話など、君の舌は大変に滑らかだった。（ところが、その話も又、僕らがたぶらかされた訳だったが）

荻窪近くなるころから、僕は荻窪の知合の店に強く誘うと「いや、帰りにリンタクの中に突込んでやるから」と君は僕の腕を離さなかった。……その君が誘った西荻窪の「街」と云う店で、君は唯、飲もう〳〵とか、“Passe Vous”とか、連発しているだけだっただろう。たゞ、君と二人で、大変に学問的な学生の議論に腹を立て、君がいとも丁重に、彼らを追い出したのを覚えている。……――「こゝはドン・ファンの館、おい、こらスガナレル、灯をもて……」そうその得意の一節をジュヴェの声色で演じている頃、一緒にいた本田喜恵が帰ったのだったろう。残った僕らはひたすら、コップを傾けていた。その店の焼酎を飲みつくした僕たちが送り出されたのは、あれは何時ごろだったのだろう。無言で駅に向うと君はとん〳〵とホームに馳け上り、だあッとベンチの上に倒れた。「おい、自動車を呼んでくるからな」、僕が片隅に君を押しつけると、君はむっくり起き上って、一言呟いた。がいま、その言葉が何であったか、どうしても思い出せない。たゞそう言う君を抑えつけて、僕は自動車を探しにとび出した。どの位探したのだったろう。戻って来た時君の姿は既になかった。上りホームと下りホームと探し尽くしたあと、僕は上りホームの柱に寄りかゝりながら、唯茫然とその晩の美しい夜露の風景の中に溶けこんでいた。その時君はどこか、駅附近の飲み屋をたゝいていたか、或は既に線路上を歩いていたのかも知れない。やがて駅員に注意されて、僕は帰途に就いたのだが、やはり酔っていた僕の耳には、貨物列車の轟音は聞えなかった。線路の上の君にさえ、聞えなかったのではないだろうか」。

矢牧の面倒見の良さに感嘆する。しかし、出は終電がなくなった線路上を歩いて三鷹に帰ろうとし、貨物列車にはねられて死去したのであった。

＊

出の葬儀は日本基督教団阿佐谷東教会で営まれた。出の長姉まり子さんがこの教会の牧師である高崎毅氏と結婚していたので、小日向台町で戦災にあった出隆先生一家は高崎家に仮寓していたのであった。

葬儀のさい、私ははじめて出の「奥さん」である林聖子さんを知った。ほっそりした、凛とした容姿の聖子さんに私はつよい感銘をうけた。

余談になるが、阿佐谷東教会についてふれておきたい。高崎毅氏の尊父高崎能樹氏が一九二九（昭和四）年、自費で土地を購入、教会堂と自宅を建て、幼稚園を併設して、伝道活動をはじめた。一九四一年日本基督教団の成立にともない日本基督教団阿佐谷東教会となり、毅氏は能樹氏の後継者として同教会の牧師をつとめ、後に東京神学大学の教授をつとめ、学長に任命された。一九六九年一一月から東京神学大学にもいわゆる学園紛争がおこった。高崎毅氏は学長として暴徒化した学生を排除するため機動隊導入を決断し、導入した。同時にこれらの学生が阿佐谷東教会に押し寄せることを懸念し、教会の役員会に諮ることなく、杉並警察署に警護を要請し、私服警官の警護をうけた。このことが咎められて、高崎毅氏は警察官導入に反対していた阿佐谷東教会の長老たち（?）により同教会の牧師の職を罷免された。

学園紛争の当初、私は、東大についていえば、建築学科、医学部、それに私が比較的に知識をもつ法学部についても、学生の要求するような改革の必要があると考えていたが、徒らに過激になり、暴徒化し、建設的な話し合いの場をもつことができなくなった状況で、機動隊導入は当然と考えるようになっていた。東京神学大学でも同様だったろう。改革すべき問題は存在したかもしれないが、学生たちが暴徒化し、暴徒が鎮圧されることによって、何ら得るところなく学園紛争は終息したのであった。

高崎毅氏としては、いわば高崎家のものともみられる阿佐谷東教会から追放されることはきわめて不本意であったにちがいない。別の教会の牧師としておつとめになり、間もなく死去したとお聞きしているが、私は詳細を知らない。

困ったことに、高崎家の住居まで、教会堂や幼稚園などと同様、教会の所有とされていた。そこで、高崎毅氏一家は法律的根拠なく教会敷地内の住居に住み続けることとなった。おそらく年々信者が減少し、小子高齢化により、幼稚園の経営も難しくなったためであろう。教会から高崎家に立退きを要求してきた。毅氏はとうに他界していた。私は毅氏夫人であり、出英利の長姉である、まり子さんに依頼されて、高崎家の代理人として教会側の代理人である弁護士と折衝することとなった。このとき私ははじめてまり子さんとお話ししたり、ご相談したりする機会をもったのだが、まり子さんはじつに穏やかで賢く、謙抑な方であった。たぶん、どこかの教会付属の幼稚園で先生をなさっていたのだと思う。忘れがたく立派な人格をおもちの女性であった。

教会との交渉は長びいた。それは主として教会の運営についてさまざまの違う考え方をもつ人々が発言権をもち、教会としての方針が揺らいだためであった。結局は、まり子さんの没後、高崎家が時価の二分の一の価格で住居の敷地と住居を教会から買いとることとして結着したのだが、時価をどう決めるか、だけでも、私は教会側の弁護士と何回も会って話し合わなければなかった。出英利に関連する、不幸な出来事として私には格別の思い出をもつ案件だったので、記しておく。

＊

出の事故死後、出の知己友人たちは土龍忌と名づけて毎年一月八日に出を偲ぶ会合を催していた。私が参加するようになったのはおそらく出が事故死してから二〇年ほども経ってからだが、出席してみると、高原、上条ら五中以来の友人、佐野、井坂、山澤など土龍座時代の友人たち、矢牧一宏ら『世代』の関係者などの他、私が出の生前に出会ったことのない方々が多数参加していたし、出の末弟、基人さんが毎年必ず出席、出の姉君のお一人、二人も出席なさることが多かった。出の死後、どうしてこんなに多くの人々が出を偲び、出をめぐる話に耽りたがるのか、私にはふしぎであった。出はたしかに信望をもっていたのである。彼は何も残さなかったけれども、いつも偲びたくなるような人間的魅力の思い出を私たちに遺していったのである。

土龍忌は毎年聖子さんが経営する、新宿の花園神社に近い酒場「風紋」で催していた。しかし、二〇年ほど前から、年々一人減り、二人減り、といった状態になった。佐野が他界し、山澤が他界し、やがて、矢牧も、高原も、上条も次々に他界した。どうやら出席できるのは基人さんと聖子さん、それに私だけといった状態になり、私自身も加齢のため出席も億劫になり、土龍忌は自然消滅した。ただ、いつになっても、出を思いだすと懐しさがこみあげてくることに変りはない。

飯田　桃

いいだもも、という表記で知られることになった飯田桃について書きとめておきたい。いいだももの筆名で特定される評論家、思想家あるいは社会活動家について記すつもりはない。むしろ私が知る飯田桃という人格の記憶を記しておきたいと考えるからである。

私がはじめて飯田に出会った一八歳ころ、一七、八歳ころから二〇歳代の飯田はまさに天才というにふさわしい眩しいような存在であった。私は旧制一高に一九四四（昭和一九）年四月入学して以来、一高卒業まで、詩作について、飯田に兄事というより師事したような関係にあったといってよい。当時は別として、生涯にわたり飯田はほとんど比肩する人が見当たらないほどに博学多識、抜群の記憶力、怖ろしいほどの頭脳の回転の早さ、ふかい思弁的能力の持主であった。加えて孜々として勉強し続けた人物であった。私はそういう飯田が他界するまで彼に並々ならぬ敬意を払い続けてきた。後にふれるつもりだが、飯田に並ぶ博識で明晰な思考力をもつ人として、私が知遇を得ていた加藤周一さんを思いおこすのだが、二人は資質において違っていた。その違いも後に考えてみたい。

その反面、飯田には私に理解できない面があった。それは彼には私の共感できない行動様式による行為や行状があったためであり、また、どうしても彼が意識的に私に隠していたとしか思われない生活関連その他の事実があったことによる。その決定的な事実は彼が他界したときに判明した。その事実を飯田が私にことさら秘匿していたように感じ、そのことは多年私が飯田に抱いてきた信頼に対する裏切りとしか思えなかった。そしてそのことに気付かなかった自分を恥じた。その事実の余波で、私はかなりの犠牲を払うことにもなった。飯田と並んで私のもっとも親しい友人であった日高普はまことに透明で高潔な人格の持主であった。飯田の人格の一面にはいかがわしさがあり、不透明な謎を秘めていた。できれば、そういう飯田桃という人格の全体像を書きとめておきたい。しかし、たとえば彼の死後になって私が知って裏切られたと感じた事実がどういうものか、などは公表するにしのびない。ある程度自制を心がけるつもりである。

＊

いろいろな機会にこれまで書いてきたが、私は一九四四年四月に旧制一高に入学し、国文学会に属し、国文学会が占めていた明寮一六番で起居することとなった。一高には南から北に、南寮、中寮、北寮、明寮の四棟があり、通常、廊下をはさんで北側に自習室、南側に寝室があった。明寮は一番北側だったが、その名のとおり、他の棟に比しもっとも明るかった。明寮一六番は二階に自習室、三階に寝室があった。他の部屋では寝室には畳に木枠をとりつけた寝台が十数人分おかれていたが、明寮一六番の三階の寝室は全室畳敷きであった。これは『萬葉集』や『花伝書』の輪講のさい、便利に使うことができた。

思いだすと、明寮一六番の自習室には、入ると右手に四人ずつ二列の机が並ぶ一画があった。その奥側の四つの机に中野徹雄、私、橋本和雄、大西守彦が席を与えられた。向かいの四つの机のもっとも右手にいずれも二年生の簗島裕、次いで木村正中の席があったが、他に誰の席があったか憶えていない。それらの一画とはタテ、ヨコになる関係に別のブロックをなす机が並び、窓ぎわに太田一郎の席、次いで飯田が席を占めていた。他の配置は憶えていない。簗島の机の背後に各人の予定表を記す黒板があり、たとえば「×月×

日ゾル検」と築島の名の下に書いてあったりした。ゾル検とは一高に入学してから知った言葉だが、兵隊検査のことで、ゾルはドイツ語のSoldatに由来する。その黒板の脇の白い壁に墨くろぐろと

モナドは窓を開かねばならぬ

入営の日に　日高普

と書かれていた。

自習室と寝室が別になっているせいもあり、十数人が生活するのに自習室は決して窮屈ではなかった。とはいえ、私の席と飯田の席との間は数歩の距離しかなかった。

入学して間もない五月に『向陵時報』第一五六号が配布された。これに太田一郎の短歌とともに飯田の詩「訣別」が掲載された。六連から成る詩だが、末尾二連を引用する。

狂瀾を既倒に回《かへ》す術《すべ》はなけれども
朦朧の酔眼に　汝　ノアの方舟よ！

汝が傷つける檣頭に
忍辱の半旗なびかせ——
悽愴の帆を張れ　系列の錨を断て！
天来の荒濤に悲憤して埃及《エジプト》を出でよ

鐘が鳴る！　鐘が鳴る！
瑠璃《るり》擬《まが》ひ没日《いりひ》くもれば
　墓碑銘に　帆檣　建てて
訣別《わかれ》なる　諸調《しらべ》　奏でて

賭博船は　全か無を　追つてゆくのだ
　香ひ矢車草
喪心に汝《な》を抱く青銅の門は放たれ
垂れ罩《こ》むる霧笛に撓《たほ》やげの韻《ひびき》を包み
罪なき私の天使よ
　　永久にさらばだ

この詩に接したとき、私は烈しい衝撃をうけた。かつて書いた感想をくりかえせば、私をうちのめしたのは、時間的空間的ひろがりの中に展開するくっきりと豊かなイメージであり、文明の黄昏の中に屈辱の未来をのぞみ、全か無かを賭けて賭博船に乗って出帆しようとする決意であった。それに「香ひ矢車草」をうけて次行の冒頭に「喪心」とつなぎ、その行の末尾「放たれ」を次行の冒頭の「垂れ罩むる」につなぎ、その行の末尾「包み」を次行の冒頭の「罪」につなぐ、という、いわば尻とり韻がふくまれていることにも驚嘆したのであった。

いま読みかえしてみると、イメージはくっきりと豊かだが、混乱もみられるし、無理もある。しかし、構想の大きさ、切迫した語調はやはり非凡である。私が驚異を感じたことの一つはまた、語彙の豊富さにあったようである。一高の三年生ともなれば「狂瀾を既倒に回す」とか「忍辱の半旗」といった言葉を次々と連ねることは身についた教養の結果だったかもしれないが、新入生の私は、私が都立五中時代に書いていた詩の幼稚さを思い知らされたのであった。

飯田は一九二六年一月生れのはずだから、この詩を書いたとき、まだ一八歳であった。

いまの私はこの詩に欠点がないと考えているわけではないが、詩人としての飯田の稀有の天分を示しているという考えに変りはない。

この詩を読んだ後、私はその前年の一高の校友会雑誌、当時は『護国会雑誌』と題名を変えていた雑誌に飯田が発表した小説「風景の心理学」を読んだ。すでに記したことがあるとおり、この小説はかなり稚い。少年時に仲良くしていた少女と一高に入学した後の再会、一高の友人との会話、場末の古本屋行、といったとりとめのない構成で、場末の街並みの風景描写があって「おお、何たる郷愁、まるで画のやうであつた。堯はしばし立ちつくした。彼は辺りの風景に雑作もなく染められて行く自分の心をいとほしんだが、一方その余裕が彼の心を拡散的に風景自体に滲みこませて行つたのである。彼の思想は何時も「風景の心理学」の奏でる生理と郷愁の歌であつた。彼は茫然として風景の中に見失はれて行く己が心の行先を見詰めた」と書かれている。このように思弁的に自己を位置づける発想に、私は未知の世界をみた、と記したことがある。その当時の私がそのように感じたことは事実だが、この小説には作中人物が絡みあって事件ないし物語が展開していくという、小説としての骨格が欠けている。これは後の彼の小説にもみられることをここで指摘しておく。

＊

どういうきっかけで私が私の当時書いていた幼稚な詩を飯田にみてもらい、飯田の批評を仰ぐことになったのか憶えていない。しかし、「訣別」を読んで間もないころからはじまったことは間違いない。そのころから二人で『与謝野晶子歌集』『若山牧水歌集』など岩波文庫に収められていた歌集のすべてを読み通したことがあった。一回に二、三〇頁ずつ読み、感銘をうけた作についてどうして感銘をうけたかを説明し、相手が感銘した作に感銘をうけなかったときは、何故感銘を覚えなかったか、を説明する、そういう取りきめだったから一首といえどもなおざりに読みとばすことはできなかった。私は短歌の実作をしたことはないし、飯田も同様であった。しかも、何故これらの歌集を読んだか、理由や動機は私には分からない。言いだしたのは飯田だからである。飯田が同級生の親しい友人であり短歌の実作者である太田一郎を相手に選ばず、何故私を選んだのか、それも分からない。ただ、私が飯田に見込まれたことは間違いないし、ごく短い期間の間に親しくまじわることとなったことも間違いない。この二人だけの短歌の読書会を終えたとき、私は何となく「詩」というものの本質を理解したかのように感じたのであった。

飯田の学年は九月に繰り上げ卒業することになった。卒業前の八月、飯田と二人で北陸を旅行したことは私にとって生涯の画期的事件となった。大津で私の級友木村政光の父君が専務取締役をしていた琵琶湖ホテルの貴賓室に無料で二泊、永平寺に二泊、山中温泉の飯田の従妹の友人宅に二泊、金沢で栃折久美子さんの兄栃折多喜郎が五中の同級生だったので栃折宅に二泊、宇奈月温泉で一泊、下呂温泉で一泊、岐阜で飯田の父君の知人宅で一泊、といった旅程であった。私は八月分の寮費と小遣いをはたいたが、宇奈月温泉と下呂温泉で温泉旅館に宿泊したことを除けば、他はみな知人の好意に与ったのであった。ただし永平寺では形だけの喜捨をしたかもしれないが、いずれにしても、当時の一高生の特権階級的意識が多数の方々の好意を当然としてうけとらせたのであろう。省みて恥じ入る他ない。

この旅行が私にとって画期的な意味をもつ所以は、このとき東尋坊を訪ね、そこで聞いたことに触発されて、私の処女作と目される「海女」を書いたからである。「海女」は私の第一詩集『無言歌』の第一部である初期詩篇の巻頭においた作であり、たとえば吉田健一さんが再三ふれてくださっているとおり、私の代表作の一とみられている。

この旅行のさい、私は五、六篇の詩を書いており、まとめて「北陸記」と名づけていたが、その後、自分のそれまで書いてきた詩がまったく意味も価値もないと考え、すべて焼きすててしまった。ただ、「海女」を除けば、捨てさって惜しい作品はなかったはずである。

やがて飯田が入営する日が来た。片瀬の山の上の飯田邸で壮行会が開かれた。私が入学した当時は飯田家は芝大門にあり、私も一度だけ訪ねたことがあったが、一九四五年三月の東京大空襲よりはるか前、一九四四年の秋ころ、広闊な土地、森林をそなえた、豪壮な邸宅を片瀬の山上に購入して移転していた。その邸宅の八畳、六畳、六畳の三間の襖をとりはずして二十畳の大広間をしつらえ、宴席が設けられた。床の間を背に飯田と中村光夫さんが坐った。その他親族をはじめ知己の方々が座を占め、矢牧一宏と私とが末席につらなった。矢牧はその二、三日前から飯田邸に泊りこみ、小林秀雄さんのお宅から中原中也の遺稿を借りだし、飯田と二人で筆写したということであった。

その席で飯田が長唄「秋の色種《いろくさ》」を朗々とうたった。三味線は三〇歳前後のふっくらした美貌の女性が弾いた。彼女がお師匠さんだったにちがいない。私が教えられたところでは、「秋の色種」は名曲だが寂しい曲だという。おそらく、飯田がさらい終えたばかりの曲だったのだろう。

それ以前、毎週何曜日かにきまって飯田が四、五時間外出することがあった。どういう用事だということを決して言わなかった。じつは長唄の稽古に通っているのだ、と言ってもどうということもないはずだが、その夜、突然、その成果を披露して満座の人々を驚かせたのであった。

宴席が終ってから、私はあてがわれた離れの部屋に泊った。寝床につくまで、《G線上のアリア》とラヴェルの《ボレロ》のレコードとがとっかえひっかえ鳴り続けていた。翌朝、私は川沿いの道を悄然と歩く飯田とその身内の方々を藤沢駅まで送った。私が就寝してから、飯田は醤油の一升瓶を一晩かけて飲みほしたらしい。一升の醤油を飲みほせば当然悄悴する。血沈（赤血球沈降速度）の値は極度に悪くなるはずである。飯田は入営しても病気と申告し、即日帰郷するつもりであった。血沈の値が悪いと、レントゲンをとられることになるが、レントゲンで容易に見えない箇所の結核だというつもりだ、と私などには話していた。飯田が後に書いているところでは彼が入営した軍隊にはレントゲンさえ備えつけられていなかったという。飯田は末期の結核と称してまんまと軍医を騙しとおしたようである。その結果、彼は首尾よく即日帰郷となったのだが、この無理がたたって後年本当に結核に罹ることとなったのかもしれない。

私が飯田について不可解な一面をもっていたと感じているのは、たとえば、このとき、飯田が即日帰郷できたかどうか、私は心配していた。もちろん、末期の結核と称して即日帰郷したのだから、軽率に出歩いて憲兵にでも咎められたら厄介なことになるにちがいないが、無事に自宅に戻っているというだけのことはそれなりに連絡の方法があるはずである。私が即日帰郷の事実を聞いたのは敗戦後、秋がふかくなってからであった。こうした隠しだてが飯田には日常的にあったように思われる。

＊

敗戦後、一九四六（昭和二一）年七月、雑誌『世代』が創刊され、目黒書店から商業誌として発行された。この「世代」という題名は、私が飯田、太田一郎、中野徹雄、私たちの先輩で飯田より一年上級だった遠藤麟一朗、それに飯田の一中時代の親友で成蹊高校に在学していた矢牧一宏らが同行して、一九四五年一二月初旬、東京女子大のチャペルでヘンデルの《メサイア》のハレルヤ・コーラスを聞きにいった帰途、喫茶店で雑誌を出そうという計画が提案され、いろいろの題名を議論した結果「世代」と決まったものであった。その席で私は反対しなかったが、たとえば「新世代」というなら意味があるが、「世代」

では何の意味もないのではないか、と感じていた。その当時、私の父が青森地方裁判所に勤務していたが、青森の官舎は空襲で焼失し、青森市内に家を借りることができなかったので、私の一家は弘前に住んでいた。食糧難のため一高は始終休校になったので、私は一九四五年の夏から翌四六年の春まで時に短期間上京することはあってもほとんどの期間、弘前で過していた。この間、東京では雑誌刊行の計画がその実現に向かって動きはじめていた。その中心は飯田と中野であり、彼らに遠藤、矢牧が加わっていたようにみえる。中野の秀才は木村健康、竹山道雄といった一高の教授たちに高く評価されていたし、飯田もそれなりに信用されていたらしい。そのため、『世代』の発行は敗戦時の一高の校長であり、間もなく文部大臣に就任した安倍能成先生ら、一高の教授陣の多くの応援を得ていた。岩波書店、鎌倉文庫などと交渉の結果、目黒書店に落着いたのだが、創刊準備段階から関与していた早稲田大学の学生の誰かの縁故で紹介され、目黒書店がひきうけることとなったようである。そうした経緯については私は詳しくは知らない。

私の記憶では、『世代』は全国の大学高専の文化部、雑誌部の連合体の機関誌を標榜して華々しく発刊されたはずであった。しかし、日本近代文学館が刊行してくれた複刻版の『世代』によれば、そのような記述はまったく認められない。ただ、最終頁に「投稿規定」「顧問」「編輯部」「購買方法」と並んで「代表連絡委員会」という項目があり、次のとおり記されている。

「各校文化部、雑誌部の推挙した各校連絡委員を以て構成。学校相互の横断的連絡、編輯方針、傾向に対する助言、希望、批判、真に声を聞きたい先生の原稿獲得、優秀原稿の推挙、自校に於ける原稿募集等を任ずる」。

しかし、こうした連絡委員会など一度も開催されたことはないはずである。ただ、このような連絡委員会を設けると称して、全国大学高専の文化部等の連合体の機関誌なのだ、と飯田が私に説明したのではないか。また「顧問」として

「安倍能成、竹山道雄、林健太郎、木村健康、五味智英、川口篤、西尾実、矢野健太郎、金子武蔵、中村光夫、岡義武、中野好夫、佐々弘雄、下村寅太郎」

の諸氏の名がつらねられている。安倍能成は元一高校長、当時の文部大臣だが、竹山道雄から川口篤までは一高の教授たちであり、その他の方々の中、中村光夫さんは飯田が師事していた関係で名前をお借りしたものであり、その他の方々は私たちが敬意を払っていた東大教授等、戦後の知識人を代表する方々であった。これらの方々の名がつらねられているのは、たぶん竹山教授のご紹介によって了解を得たのであろう。これらの方々の一部に

執筆をお願いし、その評論等を『世代』に発表させていただいたことはあるが、顧問として助言や指導をしていただいたことはない。私の眼にはこれはまったくの権威主義のようにみえた。

また、次の肩書、氏名が頁の末尾に記されている。

編輯長
遠藤麟一朗（東大経済）
政治部委員長
石川吉右衛門（東大法研究生）
社会科学部委員長
遠藤麟一朗
井出洋（東大社研）
松下康雄（一高社研）
哲学精神科学部委員長
今道友信（東大哲学）

有田潤（早大哲学）

数学自然科学部委員長

河合正一（東大建築大学院）

文藝部委員長

矢牧一宏（成蹊高文）

編輯幹部

中野徹雄（一高文）

甲藤重郎（早大政経）

女子代表

土倉一子（東京女大研究生）

庶務会計

川崎敬二郎（東大言語）

各校連絡

飯田桃（東大法）

右の名の中、石川吉右衛門は一高の先輩、戦争中も特別研究生として徴兵を免れていた秀才であり、後に東大教授、中央労働委員会委員長などつとめ、かなり早く他界なさった。しかし、『世代』に実質的に関係したことはない。井出洋は当時名を知られていた方だが、詳しくは知らない。井出洋も松下康雄も実質的に『世代』に関係していない。なお松下は一高社研ではない。一高社研は上田耕一郎が創立、代表していた。今道友信は国文学会で一緒に生活した仲間であり、後に東大教授として美学を講じたが、『世代』には関係していない。

有田潤は甲藤重郎と並んで早稲田大学の学生を代表するかたちで『世代』刊行の準備段階から緊密に連絡していた。有田は後に早稲田大学で教授として哲学を講じていると聞いたことがある。河合正一は『世代』の表紙をデザインしてくださったが、それ以上の関係を『世代』ともったことはないはずである。土倉一子はたぶん編輯部に顔を出していたことがあるはずである。結婚して姓が変ったが、著名百貨店の最初の女性取締役となり、評判になったことを憶えている。

川崎は飯田の同級生で親しい友人。このリストを見てもっとも不可解なのが、飯田の「各校連絡」という肩書である。「代表連絡委員会」が有名無実だったことはすでに記したとおりである。早稲田大学からは有田、甲藤が加わっていたから、東京女子大、津田塾以外の大学高専に飯田が連絡したことがあるとは思われない。たしかに編輯長は遠藤だったが、投稿される原稿の採否を決めたり、掲載する原稿や依頼する原稿の依頼先の先生方を決めるのは飯田であった。ここでは飯田は実権を秘匿し、使い走りのようによそおっている。どうして、こういう小細工を弄するのか、私には理解できなかった。

有名無実の各校間の代表連絡委員会といい、助言をうけるつもりもない先生方の名を顧問としてあげ、存在しない、いろいろな名称の委員会をでっちあげて、しかも本人が承諾しているかどうか分からぬ人々の名を記し、いかにも充実した活動体であるかのように見せかけている。私はこれらのすべてが飯田の画策によると信じている。遠藤その他は飯田の提案を承認したにとどまる。

私はそういう意味で『世代』の創刊をいかがわしく感じていた。だから、編輯部に出向いたのは一回か二回にすぎないはずである。『世代』のいかがわしさを嫌っても、『世代』創刊後も私は飯田の眩しいような才能に魅せられていたし、兄事というより師事し、詩などを書くとまず飯田に示して批評を乞うていた。

＊

『世代』創刊の趣旨とみるべき文章が文藝部委員の名で発表されている「家鴨宣言」である。以下に全文を引用する。

「若く新しい人々よ

僕達の世代が　利害に汚れない自由な魂の籠つたものであるやうに。赤緑黒……雑多な色を一の白色光にまで昇華する質の緻密な一箇のプリズムであるやうに。

昧爽に　僕達が目覚め　わづかに素いうなじをめぐらしたとき、僕達はすでに　悪夢にも似た厖大な世紀の堆積に囲まれてゐた、夕昏ははやちかいのである。僕達が喜劇的な相貌を帯びる所以である。僕達は　脅えてのどかに鳴く素いうなじの家鴨でしかない。だが繰りかへしては言ふまい、時はすでに　遅いのであると。

この弱々しい光の散らばふ国の白夜に　僕達は烱々とした眼を有たう。ひとすじの光さへ許されないのならば　盲人のやうな皮膚感覚を有たう。暗闇の直視と慣性の突破とがなされないならば、世界の日本のたどる運命は単に経過のながい玉砕にすぎない。このとき人は　黍離麦秀の地に落拓の情を抒べるのであらうか。だが経過のながい玉砕とは瓦壊に

ほかならない。泯んでゆくものの挽歌も　そこにはないのである。敗北がなんら悲劇でなかつたのとおなじやうに、

若く新しい人々よ

僕達は、あらゆる篤実な科学に敬礼しよう。瑞々しい実践力を傾けよう。僕達はもはや夭折することはないだらう。倨傲、道化、含羞、稚情、醜態……あらゆる僕達の貧戻と奸智とを賭けて　虚膜の間に僕等の純潔を守らう」。

文藝部委員の名で発表しているが、飯田が執筆したことは間違いない。驚くべき豊富な語彙を駆使した華麗な美文である。私は二〇歳かそこらでこういう文章を書くことができた飯田の文才に脱帽する。

しかし、いまになって読みかえしてみると、飯田が何を提案、示唆しているかが理解できない。眩惑するような言辞を用いて、結局いうところは、私たちの純潔を守れ、とアジテーションしているだけなのか、という感がある。その純潔性を私たちは「素いうなじの家鴨」にすぎない、と自らを規定し、正当化している。私たちは世紀末的な世界の晦冥の中で、純潔を守ろう、と呼びかけているにすぎないのであれば、華麗な文章に比し内容が乏しい。何よりも純潔を守るために私たちの貧戻と奸智を賭けよ、としか言わないのなら、

ここにはいかなる具体的な方法も示されていない。文辞に比し、実体はあまりに貧しい。おそらく、飯田には野望があり、その野望を眩しいような語彙で飾ったのだが、何を望んでいるかを知らなかったのであろう。

実際、当時の私たちは表現すべき思想をもっていなかった。『世代』は一九四六年七月刊の創刊号から同年一二月刊の第六号まで刊行し、その後しばらく休刊するが、これらの号には私たち学生は小説や詩、短歌を発表しているだけであり、一篇の評論も掲載されていない。読者に読んでいただけるような発言の能力はもっていなかった。「家鴨宣言」の内容の貧しさも同じと考える。

＊

『世代』のいかがわしさを嫌っていたから、私は『世代』編輯部に距離をおいていた。その『世代』の第二号に私の詩「海女」が掲載されたが、これには次の付記があった。

「海女は中村稔がみづから火中した彼の詩集流沙の書の第一部北陸記の一篇である。流沙の書は網代毅の手製になる一部限定版で、その北陸記は僕に捧げられたものである。故あつてその草稿が僕の手許に残つてゐる。発表の責は彼にはない。記憶力に乏しい僕が自然忘却するのを恐れて附記した次第だが、この挿話が鑑賞を妨げることのないやうに（飯田桃）」。

右の付記からも、「海女」が私に無断で発表されたこと、『世代』編輯部に距離をおいていたことが判るはずである。

私は『世代』第四号（一九四六年一〇月刊）に柳宋太郎という筆名で小説「鯨座の一統」を発表した。これは飯田に見てもらったさい、飯田が『世代』に載せると言ったまでのことで、私が積極的に働きかけたわけではない。これは私には愛着のある作品だが、また、発想は良いのだが、時期が悪かったし、総じて、幼稚である。第六号（一二月刊）に詩「オモヒデ」を横書で発表しているが、これは『向陵時報』に発表したものを横書、片仮名表記にしたまでのことである。その当時、私は片仮名で表記しても平仮名で表記しても、横書でも縦書でも、詩として通用する、そういう詩を書きたいと思っていた。

飯田はもっといわゆる進歩的な意味で横書、片仮名表記を試みていたようである。彼は『世代』第五号（一〇月刊）に「タイフーント星」「夜に」の二篇の詩を発表している。いずれも傑作と考えているので引用する。発表時は横書であったが、縦書で示す。

タイフーン　ト　星

海カウカウト鳴レル夜ハ
黒イホムラガモエテアツタ　カ
眼ニモアヤナル空ハタマユラ
トケテ　ナガレテ　ホムラノトバリ

黒イホムラノモユルガヒマニ
眼ニモアヤナル空ノ眼玉ガ
ノゾキ　マタタキ　シバタイタ

黒イホムラノモユルガママニ
トケタ眼玉ハツメタクアツタ　カ
青クナガレテ　タマユラ　キエタ

硬玉　マ澄ミテ　キエテタマユラ
巨人ガコブシヌグヘルヤウニ
涙ト見エズ　海カウカウト
トバリ一面　シブイテタ

夜に

むせんでゐる　むせんでゐる
岬とほく咽ぶのは　白い浪か
失はれた名　海に似た思ひ出よ

それは沖とほく漾《ただよ》ふばかり——
陽の吼え　獣の毛の群らだつた日にも
あばかれなかつた　それは
失はれた名　海に似た思ひ出よ

ひとよ　そのかみに訣れたことがあつたのか
鷗どり群らだつ羽音のやうに　ひとよ
そのかみに忘れ果てたことがあつたのか
夥しいかずかずの房のやうに

むせんでゐる　むせんでゐる
岬とほく　なぜに涙することを憶えたのか
失はれた名　海に似た思ひ出よ

いずれも変形だが一四行詩であり、抒情が心に沁みいる感がある。飯田はすぐれた抒情詩人であった。

＊

休刊した『世代』は一九四七（昭和二二）年九月に複刊した。通巻第七号である。依然として目黒書店から刊行された商業誌であったが、一九四八年二月刊の通巻第一〇号を発行した後、休刊、目黒書店は倒産した。この時期を私たちはふつう『世代』第二期と考える。

第一期は詩・短歌や小説を除き、評論はすべて著名な方々の執筆によるものであったが、第二期において、佐々弘雄、竹山道雄といった方々の評論がふくまれているとはいえ、ほとんどの紙面を学生の執筆した文章が占めていることに顕著な違いがある。たとえば第七号の巻頭論文は中野徹雄の「ヒューマニズムの前途」と題する論説であった。ことに目立ったことは宮本治、木下三郎の筆名による飯田の論説が掲載されたことである。

また、編輯長は遠藤から矢牧一宏に代ったが、実質的には飯田だったことに変りないはずである。第一期においては、いかがわしくはあっても、一高、東大、早稲田以外の学校の学生にも門戸が開かれていることを標榜していたから、吉行淳之介、小川徹、八木柊一郎といった人々が登場、後に第三期に入って同人誌化した後の『世代』にも仲間となって残ったが、第二期においてはこうした新しい才能の登場はなかった。

飯田についていえば、一九四七（昭和二二）年九月刊の通巻第七号に「第二の東条」を宮本治の名で、「作家の善意と本格小説の場　宮本百合子「風知草」」を木下三郎の名で、通巻第八号に「小林秀雄論」を宮本治の名で、通巻第九号に「人間的条件」を木下三郎の名で、通巻第一〇号に「善意よ、武装せよ！」を木下三郎の名で、「演劇の世紀」を宮本治の名で発表しており、その他、飯田桃の本名で「ソネット集「海」より」を第九号に発表している。

飯田の最初の社会評論というべき「第二の東条」の要旨は結びに近い次の文章にある。

「僕達は、平和主義の新憲法が、甘い夢想と嘲けられないために、紙の上のこととして終らないために、努力しようではないか。第二の東条を防ぐために、日常の些々たる場面でも反省し闘争しようではないか。気取ったり物知り顔をしたりしないで、率直に僕達自身の体験から未来への指針を汲まうではないか。生活組織経済組織から戦争への脅威を除からではないか。僕達はあらゆる形の戦争とファシズムとに反対する。それは、いかなる美的理由によるのでもない。道徳的理由によるのでもない。それは僕達の一塊のパンを失はざらんがためである」。

通巻第九号所掲の「日和見主義」の要旨は次の文章にある。

「現下の場合、英雄的決断も、無的《ママ》決断も、実存的決断も絶望的決断も、すべて一方的決断は排さなければならない。僕達は、もつと卑屈に、もつと地を瀆め、もつと冷静に、もっと打算的に、もっと賢明に、もっと非英雄的にならなければならない」。「僕達は、「失地恢復」とか、「東洋と西洋とを綜合する日本の世界史的使命」とか甘言に耳を借《ママ》す前に、僕達の手にあるたつた一塊のパンをもつと愛惜しようではないか。イタリヤ貧民の常食だといふこのトウモロコシパンにしても、もつともつと愛惜しようではないか」。

通巻第一〇号の木下三郎名義の「善意よ、武装せよ！」の要旨は次の結びの文章にある。「アインシュタインは「世界政府」の理想実現に最も熱心な人である。学者が政治にも色気を出したといふやうなことではないのだ。世界政府とは現下最も空想的なものであらうが、この空想の持つてゐる現実性に僕達はよく注意しなければならない。物理学者の彼が自己みづからの良心から、さもないと人類文化は滅亡してしまふと言つてゐることに、よく耳を傾けなければならない。アインシュタインを空想的と考へる人はかへつて空想的なオッチョコチョイであるかも知れない。善意は常に無力である。そして善意は常に無力であつてはならない。ここから僕達若い世代の決意と実践とが始まるであらう」。

同じ号に宮本治名義で掲載された「演劇の世紀」は次の言葉で結ばれている。「僕達若い世代は、デモクラシーのためにゆつくりと大胆でなければならない。特に第二のファシズムを防ぐためにさうでなければならない。又、役人の、役人による、役人のための政治、にならないために、僕達は賢明で強健でなければならない。演劇の世紀に敵対しなければならない」。

すべてアジテーションである。しかも、具体性がない、空疎な提言にすぎない。飯田の政治の季節ははじまっていた。彼自身がこれらのアジテーションの空疎さは自覚していたにちがいない。飯田が日本共産党に入党する日はそう遠くはなかった。『世代』第二期が刊行されていた時期、私は東大法学部に進学していたが、東京に下宿する費用はなかったから父の勤務先の水戸で生活していたので、飯田との交渉はほとんど途絶えていた。私が彼に兄事というより師事した季節は終っていた。私は彼の政治的社会的思想の動向とは無縁であった。それだけに、ここに引用した社会時評は私の感興を喚起するものではなかった。

しかし、通巻第九号に飯田が発表したソネット四篇はすばらしい傑作であった。私の初期の作品がこれらの強い影響下に書かれていることは(私自身は私の作品を書いた当時は気づいていなかったが)、誰の目にも明らかである。四篇すべてを引用したいが、作品第三番と第四番の二篇だけを引用する。

作品第三番

路は白くながれてゐた
海並みの甍はひくく
夕餐の窓げは杳《とほ》かつた

波はほのかな吐息だつた
紅絹《もみ》に似て耀《かがよ》ふ雲も
海のあちらにながれては
指のやうにたはやすいものなのだ……と

なにを待つてゐたのだらう　ゆふぐれに
沖雲は瞳《ひとみ》に朱を点じ
ただ　小波《さざなみ》の泡立つばかり……

愛《いと》しい獣《けもの》のやうに　その指のやうに
雲、波にまぎれ　囁きに白く泡立つとき
投身のいざなひに　海は
太陽もろとも流れて行つてしまつた

作品第四番

眼を瞑れば　鞣した海　黒い浪
渇いた心に海が漲る　黒い海　鞣した浪
まつはる髪毛は夏の陽に汗ばんで……

かつて千々に寄せてゐた小波《さゞなみ》よ
もろもろの畜群よ　涙よ
吾児《あこ》よ眠れ　吾児よ眠れ　と
ゆさぶつてゐた腕《かひな》よ　小波よ

失はれてしまつた　いつの日か　風吹かぬ日の
藍色の遥かの沖に——
それらやさしかつた腕よ　畜群よ

眼を瞑れば　蘇した海　黒い浪
渇いた心にどぼどぼと腋臭の海が——
軀幹は蛇よりもなほなよやかに
まつはる髪毛は夏の陽に汗ばんで……

これほどにすぐれた抒情詩の作者である飯田桃が同時に空虚なアジテーションの筆者である宮本治、木下三郎を同じ一つの人格の中にあわせもっていることが謎であった。

＊

飯田は『展望』一九四九年二月号に戯曲「0時間《ゼロ》」を中村光夫さんの推挽により発表し

た。一読、私は飯田の才能の眩しさに圧倒された。敗戦間近い戦争中の一日、中年の寡婦、その娘、保険会社の重役、その息子、その家の寄宿人である青年、という五人の人物のそれぞれに違った性格、思想、物言いの仕方などをくっきりと描き分け、これらの人物が変哲もない会話をかわしている時間、まだ到来しない時を待つだけの0《ゼロ》時間の虚無感、虚無感をうち消すような活潑な、しかし、無意味な会話、各人物の舞台への出入りのたくみさなど、私を圧倒させるに充分なものをこの作品はもっていた。このとき、飯田は二三歳になるか、ならずといった若さであった（ついでにつけ加えれば、『世代』第二期の飯田は二〇歳を越したかどうかの若さであった）。まさに早熟の天才という感があった。

　この当時、飯田はすでに東大を卒業し、日本銀行に就職が決まっていたが、結核が発病し、茨城県村松の晴嵐荘という結核療養所に入院していた。村松の晴嵐荘は当時有名な結核療養所の一であり、現存しないはずだが、東海村の原子力施設のあたりにあったと聞いている。

　入院してしばらくしてから、飯田が残飯闘争をしていると聞いた。患者の残飯は飼料にするか何かの用途のため業者に払下げられ、いくらかに換金されたらしい。飯田はその代金は患者の所有に帰すべきだと主張し、患者を組織した。多数の患者を動員して厚生省と団体交渉した。厚生省側で応待したのが入省して二、三年の中野徹雄だったと聞いたことがあるが、真偽のほどはさだかでないし、残飯闘争がどういう結末になったのか、私は聞いていない。あるいは聞いたかもしれないが、記憶していない。しかし、残飯の権利は、病院でなく、患者のものという主張は法律的には成り立たないであろう。ふつうなら、残飯を病院の職員が持ち去った時点で、患者は残飯に対する権利を放棄していると思われる。残飯に対する権利を患者が主張するなら、患者が残飯を管理し始末しなければならないが、そんなことは患者には不可能である。飯田は無理を承知で支配者、権力者に対する反抗を、また騒動そのものを愉しんでいたのであろう。

＊

晴嵐荘における一〇年を越す療養生活の間に、飯田は長篇小説『斥候《ものみ》よ　夜はなお長きや』を書きあげ、一九六六年角川書店から出版した。二段組みで五五〇頁を越える大作であり、飯田が一〇年の歳月を注いで書きあげた労作であった。

リヒアルト・ゾルゲ、尾崎秀美をはじめとするゾルゲ事件をとりあげた小説であり、私には読み通すのにかなり努力を必要とした。この小説を読みながら、私が気付いたことは、この小説の主題も欠点も「0時間」の主題と欠点と同じだということであった。「夜はなお長きや」ということは、いわば、夜明けを待ちながら夜の中にとどまっている、つまり、0《ゼロ》時間にいる人々をこの小説も描いている。時が止まっている、そういう止まった時間の中で、「0時間」に比し、はるかに知性も豊かで、行動力に富む、多彩な人物たちの行動を描いている。しかし、彼らに夜明けが来ないように、この小説には思想の対立、感情の相剋、人間的愛憎などから生じる人間的な劇がない。物語としての展開がない。そういう意味で、この小説は構想は壮大だが、読者を昂奮させるような人間たちの面白さが描かれていない。高級な風俗小説なのではないか、というのが私の読後感であった。同じ意味で、いまでは「0時間」も風俗小説の域を出ない、と感じている。ただし、飯田の早熟な天才を疑っているわけではない。

　同じ感想を一九七七（昭和五二）年七月に河出書房新社から刊行された『アメリカの英雄』についても、私はもっている。飯田の小説は構想は壮大だが、その構想を具体化する構成が弱いのである。だから、読者をわくわくさせて頁をめくらせるような興趣に欠けているのだ、と私は考えている。

＊

飯田は数多くの社会思想に関する著書を出版している。私はおそらくそのすべてを贈られているので一つの書架が飯田の著書だけで一杯になっている。若干は拾い読みしたことはあるが、私に読みこなしているという自信もないし、新左翼といわれる思想家としての飯田の思想を語れる知識がないので、それらについてはふれない。

飯田の政治活動に関連した若干の挿話を回想すると、ある夜、飯田がまだ日本共産党の党員だったころ、つまり、除名される以前、翌日かに開催され、上程される予定の綱領案か何かに対し反対するつもりだと言って、その反対論の趣旨を書いた一、二頁の書面を示されたことがある。これは論旨明晰、説得力に富む文章だったと憶えている。私見では、飯田は批判にはきわめて能力が高かったが、自身の論述を記すときは、彼の学識の海に溺れる感があり、まとまりがつかなくなるのではないか、と感じている。

飯田が政治活動をしていたころ毎年二回、カンパを貰いにきた、と言って私を事務所に訪ねてきていた。一〇万円だと憶えているが、確かではない。まだ一〇万円でも、それなりの価値ある時代であった。その帰途、一緒に丸ノ内の通りを歩いていたとき、飯田が周辺のビルを見渡して、じきにこんなビルがみんな俺たちのものになるんだな、と感慨ふかそうに呟いた。飯田は白昼夢をみていたとしか思えないのだが、冗談を言っているようではなかった。革命が近いことを信じている様子であった。私が、そのとき、ぼくはどうなるのかな、と訊ねると、飯田は、事もなげに、まア首チョンだろうね、と答えた。まったく本気のようにみえた。後から聞いたところでは、盆暮に飯田は私と中村光夫さんを訪ね、カンパを貰うことを十数年か二〇年ほどか、毎年の習慣にしていたそうである。

*

私はその後飯田とその家族、日高普とその家族と鵜原で夏の数日を一緒に過すことを毎年の例としたことが一〇年ほどは続いたはずだし、飯田の学識の深く広いこと、抜群に記憶力がすぐれていること、頭脳の回転のすさまじく早いことに、彼の生涯をつうじ、敬意を払ってきた。それに、鵜原の日々を思いだすと、暇さえあれば飯田は読書し、処々にアンダーラインしていた。孜々として勉強を怠らなかった。だからこそ、あれほどの学識が累積されたのであった。ただ、彼が論文を書くとAの知識がBの知識を喚起し、Bの知識がさらにCの知識を喚起し、知識の海に溺れるように、論旨が何処へ向かうのか分からなくなることになったのではないか、と考える。加藤周一さんのばあいは、はじめから論旨がはっきり筆者に分かっており、論旨を説得力をもって読者に理解させるように、その学識にもとづいて論理をくみたてる精緻な筆力をおもちであった。飯田にはそうした資質がなかった、と私には思われる。

私の知る限りでは、飯田は抒情詩の詩人として卓抜な才能をもっていた。しかし、詩人に甘んじるにはあまりに学識等に恵まれ、野心があった。飯田には別の大成の仕方がありえたのではないか、という感がふかい。

高野　昭

高野昭さんは一九八二（昭和五七）年から一九九四（平成六）年までの間、日本文藝家協会の書記局長であった。たしか私と同年生まれのはずだから、それまで読売新聞の文化部長をおつとめであったが、定年退職して日本文藝家協会の書記局長に就任なさったのであろう。私の覚束ない記憶だが、早稲田大学文学部に在学中、海軍予備学生を志願し、終戦時は海軍士官候補生といった身分だったはずである。そのためか、動作はきびきびして機敏であった。口跡は明晰、よく通る声の持主で、協会の理事会の席などで列席の理事たちへの説明がお上手であった。中背だが、容貌は男性的で端正であった。高野さんと私のかかわりについて回想するのに先立って、私と日本文藝家協会（以下「協会」という）との関係などについてふれておきたい。

＊

『文藝年鑑』の末尾に協会の理事等の氏名が掲載されているが、理事として私の名が掲載されたのが昭和四八年版だから、私は一九七二（昭和四七）年の総会で理事に選任されたようである。理事は本来会員の選挙により多数票を得た者が選任されるはずだが、協会の運営に必須な者数名を理事長が選任できるという慣行があったようである。この当時山本健吉さんが長年にわたり理事長をつとめていた。山本さんは弁護士と医者が理事会に入っていると何かと役に立つのではないか、と考えて、上田三四二さんと私を理事として前述の特別の枠の中で選んでくださったものと私は理解していた。私は歌人としての上田さんに敬意と好感をもっていたから、上田さんとともに選ばれることを光栄に感じた記憶がある。ところが、本稿を書くため『文藝年鑑』を調べてみると、上田さんの名前が理事としてはじめて掲載されているのは昭和五一年版であった。それ故、上田さんと私が同時に理事となったというのは私の記憶違いであった。そんな誤解にかかわらず、上田さんとは理事会で顔を合わせるたびに親しく談話し、たがいに著書を差し上げ、また頂戴するのをつねとしていた。それだけに、いまだに上田さんが夭折なさったことがいたましく悲しい。

話が横道にそれたが、昭和四八年版『文藝年鑑』の理事者等の名を眺めていると、このころはたしかに文壇というものが存在し、その有力者たちが協会の理事等として文壇を動かしていたのではないか、という感をふかくする。

すなわち、理事長山本健吉、常務理事は江藤淳、遠藤周作、尾崎秀樹、新田次郎の四名、理事は阿川弘之、有馬頼義、井上靖、巌谷大四、臼井吉見、円地文子、大江健三郎、大岡昇平、大林清、奥野健男、鹿島孝二、草野心平、源氏鶏太、佐多稲子、沢野久雄、芝木好子、庄野潤三、城山三郎、瀬戸内晴美、瀬沼茂樹、芹沢光治良、田辺茂一、中島健蔵、中村光夫、中村稔、野口冨士男、野村尚吾、福田清人、舟橋聖一、北条誠、松本清張、三浦朱門、三好徹、村上元三、村野四郎、村松剛、安岡章太郎、吉村昭、吉行淳之介、和田芳恵といった顔ぶれである。評議員は青山光二、有吉佐和子、石川利光、石原慎太郎、五木寛之、伊藤桂一、宇井無愁、内村直也、大原富枝、木俣修、清岡卓行、渋川驍、斯波四郎、柴田錬三郎、進藤純孝、杉森久英、曽野綾子、田岡典夫、田村泰次郎、壺井繁治、中村武志、平岩弓枝、平野謙、藤原審爾、丸谷才一、水上勉、三宅艶子、棟田博、八木義徳といった方々である。また、川口松太郎、中野好夫のお二人が監事に選任されている。評議

員として名があげられた方々の中でも、その後理事に選任され、理事会でお目にかかった人々も多く、こうひきうつしていると懐旧の感がつよい。

この当時の流行作家はもちろん、いわゆる純文学作家から通俗小説作家に至るまで、月刊誌を賑わしていた作家のほとんどすべてを網羅しているとみて差支えないのではないか。逆に詩人は理事に草野心平、村野四郎の二名、評議員に清岡卓行がただ一人名をつらねているが、短歌のばあいは一人の理事も選ばれていないし、評議員として木俣修の名が一人だけ見られるにすぎないし、俳人に至っては理事、評議員に一人も選ばれていない。これは協会の会員に詩人、歌人、俳人が少ないことにもよるだろうが、協会が本質的に作家、エッセイスト等、文筆を業とする人々の利益保護団体として出発したからであろうし、現在ではこうした理事者等の構成も変っているかもしれない。

私の理解するかぎり、理事長と常務理事が執行部であり、執行部があらかじめ用意した議案を理事会で討議して結論を出すのだが、おそらく理事会に出席する理事は右に記した方々の三分の一程度であり、多くても半分まではいかなかったように憶えている。だから、出席する理事は機会があれば発言しようと思って出席する方々であり、筆も立つが口も達者な方が多かった。執行部の提案に対し理事から質問、反対意見などがあれば執行部が応答する。たとえば江藤淳さんなどなまじの弁護士よりよほど討論の名手であった。ただ執行部の意図する方向に理事会の総意をまとめるためお膳立てし、司会、進行をはかるのが書記局、ことに書記局長であった。

＊

さて、私が理事にはじめて選ばれた当時、書記局長は堺誠一郎さんであった。堺さんは戦時中は中央公論社の編集者であったが、陸軍報道班員としてマレーシア、ボルネオなどに従軍し、戦後一九四八年『キナバルの民　北ボルネオ紀行』と題する著述を創元社から刊行（のちに中公文庫）した経歴の持主であった。それだけに文壇的には安岡、庄野、阿川、古行ら第三の新人といわれた理事たちよりも先輩であった。書記局はいわば理事会のための下働きの事務方の担当だが、堺さんは理事長以下の方々にすこしも臆することなく、音吐朗々、穏やかに議題の趣旨などを説明した。稀に間違ったことを喋っても、指摘されると、あ、こりゃどうも、とすぐ謝る、するとその場がそれで収まるのがつねであった。理事会に出席した方々も一目おく、風格のある書記局長であった。

『文藝年鑑』の記事を見ると、昭和四九年版では書記局の職員の筆頭に井口一男さんの名があり、末尾に堺誠一郎さんの名が記されている。一九七四（昭和四九）年か、その前年で退職し、後任が決まらなかったので、顧問のようなかたちで、事実上、もう一年間、書記局長をおつとめになったのかもしれない。私はずいぶんと親しく堺さんとつきあったつもりだったが、実際は僅か二年間にすぎなかったらしい。ただ、堺さんはそれほどにつよい印象を私に残した名書記局長であった。

『文藝年鑑』昭和五〇年版の名簿には書記局員の筆頭に平山信義とあり、ついで井口一男以下堺誠一郎まで五名の名が記されており、堺さんの名が書記局員の名簿から消えるのは昭和五四年度版がはじめてである。一九七四年に平山さんが書記局長に就任してから後も、馴れない平山さんに助言したりするため、顧問のような立場で協会と関係をおもちだったのであろう。

なお、昭和四九年版『文藝年鑑』によると、大岡信がはじめて理事に就任、評議員に木俣修に代って宮柊二が就任、丸谷才一も理事に就任している。このように徐々に理事会の構成も若がえりしていったのだが、協会史を書くのが本稿の目的ではないから、最少限にとどめることとする。私が理事に就任して比較的間もない時期、沢野久雄さんが、某社から依頼されて講演したところ、自分の承諾なしに、講演の内容が社内報に印刷されて掲載されていたが、講演ではどこでもほぼ同じことを喋っているので、印刷物のかたちで公表されると非常に迷惑する、こういう事態は何とかならないか、と発言なさったことがあった。いまでは沢野久雄という名は忘れられているかもしれないが、当時はかなりの評判を得ていた方で、理事会の出席者として常連の一人であった。私は、弁護士として、講演内容を印刷物のかたちで復製するのは明白な著作権侵害だから、そういうことは禁止する旨をあらかじめ約束しておくとか、事後であれば、苦情を通知し、社内報の廃棄、できれば回収を要求、また、損害賠償請求権がある旨を通知して追加の報酬を要求してもよいのだ、といったことを説明した記憶がある。一面ではこんな素朴なことも作家といわれる方々はご存知ないのか、と驚き、他面、講演の内容がどこでもほぼ同じ、というのはあまりに寂しい、と痛感したのであった。

ところで昭和五五年版『文藝年鑑』には協会の執行部が大きく変ったことが記されている。それまでは相当の期間、山本健吉理事長の下、江藤淳、遠藤周作、尾崎秀樹、新田次郎の四氏が常務理事であったが、一九八〇(昭和五五)年の総会で、新たに副理事長という役職が設けられて野口冨士男、巌谷大四、水上勉の三氏が副理事長に就任、常務理事は七名に増員され、伊藤桂一、井上ひさし、江藤淳、遠藤周作、尾崎秀樹、開高健、三浦朱門の七氏が就任した。私は、山本健吉さんはかねて新田次郎さんを後任理事長に推挙したいと考えていたのに、新田さんが一九八〇年二月に急逝なさったので、ひろく後任としてふさわしい文学者の目星をつけるため、同年五月九日の総会で定款を変更、前記のような副理事長、常務理事を選任したのであろうと推測している。ちなみに、それまで、野口、巌谷、水上の三氏はただの理事にすぎなかった。

後にみるように昭和六〇年版『文藝年鑑』では会長に山本健吉、理事長に野口冨士男の二氏が選任されていることから察せられることだが、山本さんはご自分の後任としてはじめから野口さんを考えていたものの、しばらく様子をみるため副理事長三人制にしたのであろう。じっさい野口さんの晩年の私小説は名作であり、その作者は理事長にふさわしいが、作品も人格も地味であった。水上勉さんは筆力に定評があったが、巌谷さんが選任されたことは私には意外であった。

平山信義さんも読売新聞文化部長をおつとめになり、協会の書記局長に迎えられたのだが、たしか巌谷さんと早稲田大学で同級だったとお聞きした記憶がある。書記局員は理事者のための下働き、率直にいえば小使に近い。巌谷さんの文学的業績はともかく、巌谷さんが協会執行部の最上層部に地位を占め、平山さんが一介の書記局長にすぎない。こういうような境遇の変遷は人生で間々あることにちがいないが、私には平山さんがお気の毒でならなかった。会員からの質問に対して、決して能弁でなかった平山さんはいつも答弁に苦労していた。平山さんがしどろもどろに弁解するのを愉しんでいるような気分さえ、一部の会員には見られた。私には平山さんがいたいたしく感じられた。

平山さんがそんな苦労をしていた書記局長の後任として、高野さんが颯爽と登場したのであった。『文藝年鑑』昭和五八年版に協会の「書記局長更迭」とあり、「五月三十一日、平山信義が書記局長を退任し、六月一日、高野昭が就任した」、とある。じつは『文藝年鑑』昭和五七年版にすでに協会の役員等の名簿中、書記局長として高野昭という名が記されているが、これは昭和五七年版が同年六月二五日印刷、同月三〇日に発行されているので、就任したばかりの高野さんが昭和五七年版の名簿に掲載されたものと思われる。

＊

理事会における書記局長の立場は、執行部が理事会の承認を求めるため用意した議案を順次提出し、その執行部の説明をし、理事長以下の執行部でなければ回答できない質問は別として、些細な事柄については書記局長が答えるのがつねであったが、高野さんの説明は分かりやすく、丁寧で、きびきびしていた。執行部が用意した議案以外にも、突然、理事のお一人から不意うちのような質問が出ることもあった。それが、たとえば税務に関する質問であったとすると、高野さんは、あっさり、そのご質問については井口君から答えていただきます、と言い、なまじのご自身の知識で回答しようとはしなかった。井口一男君は多年書記局に勤務し、会員から質問をうけることの多い税務問題や著作権問題について豊富な知識と経験をもっていた。著作権法の理解に関しては、文学者が著作権に関しどんな問題に日々直面しているか、といった知識については私など著作権法の専門家でさえ到底及ぶところではなかった。このように井口君のような人材を生かしたことも高野さんの公平な人柄のあらわれであり、また、理事会を円滑に進行させることができた所以であった。これも高野さんのすぐれた手腕であったと思われる。

＊

高野さんは協会の事業に関して積極的であった。私がいまだに残念の思いのつよい出版契約書の統一問題がある。

『文藝年鑑』昭和五七年版には「出版契約書改訂で書協と懇談」という見出しの下に次

の記述がある。一九八一（昭和五六）年。

「七月二十日、日本書籍出版協会（書協）で出版契約書のひながたについての懇談会が開かれた。協会から巖谷大四著作権委員長、綱淵謙錠、吉村昭両委員のほか、野口冨士男副理事長。書協から今村広同協会著作権委員長（偕成社）、豊田亀市（小学館）、角田栄二（三省堂）、野々村敞（物理学会）各副委員長が出席、自由な形で出版契約の各条項について意見を交換した」。

『ユリイカ』が二〇〇四（平成一六）年一〇月号で私の特集号を発行してくださったことがある。これに高野さんは「文藝家協会での四分の一世紀」と題して、私と協会とのかかわりを寄稿してくださったが、そのさい、『文藝家協会ニュース』から協会と書協との交渉経過を抄記し、これに高野さんの注を加えたものをくださった。これによると、一九八一年六月号に「六月理事会で出版契約書ひながた統一のため書協と交渉を始めることを決定」とあり、続く、同年七月号に「書協より申し入れがあり、七月二十日に懇談会を開いたという記事に双方の出席者の氏名と簡単な内容あり。中村理事は欠席」と高野さんが付記している。それ故、この協会と書協との会合は書協の申し入れではじまったようだが、翌昭和五八年版『文藝年鑑』の記述によると、前年とはまったく違う方向で、懇談というより交渉がはじまったことが明らかにされている。見出しは「出版契約書統一で書協と話し合い」とあり、本文は次のとおりである。

「十一月二十九日、出版契約書ひながた統一のための日本書籍出版協会（書協）との初会合が、書協会議室で行われた。出版契約書のひながたには協会作成のものと、書協作成のものとの二通りがあり、これを統一したいとの気運があって、先ごろより協会内で検討、四月五日開催の理事・評議員会で協会案をまとめ、書協に対し話し合いを申し入れていたもの。

この会合ではまず協会側が協会案の主旨を説明したのち、校正責任、ラジオ・テレビ等への二次使用、印税実売制などについて話し合いが行われた。次回は、書協側が協会案の検討を終えたのち開催される。

当日の出席者は次のとおり。

協会から巌谷大四著作権委員長、三枝佐枝子、佐伯彰一、綱淵謙錠、豊田穣、村松定孝、吉村昭各委員と中村稔理事が、書協からは同協会著作権出版権委員会の今村広委員長（偕成社）はじめ角田栄一（三省堂）、豊田亀市（小学館）、小松道男（講談社）、大門武二（新潮社）、小田切一雄（文藝春秋）、村上孟（書協専務理事）」。

高野さんの名は記されていないが、もちろん出席している。しかし、協会を代表する立場でないから、名があげられていないのである。右の記述から明らかなとおり、前年と異なり、出版契約書ひながた統一の交渉の主導権は協会側に移ったのであった。そのためには、すでに引用した高野さんから頂戴した『文藝家協会ニュース』の抄記の注によれば、一九八一年、「一二月理事会での著作権委員会の報告、中村理事が作ったひながた原案について、中村理事が詳しく説明」。一九八二年、「二月理事会でひながた原案について中間報告」「三月理事会で中村理事が、ひながた原案について七項目に分けて説明」「四月理事会で原案を全理事に送ったことを報告。これをもって協会案とすることを決定する。九月理事会で書協との交渉に入ることを決定。中村理事が意義を説明。十一月理事会で書協との話し合いを十一月二十九日に行うことを報告した。また会談申し入れの際、書協から三項目の発言があったことも報告」とある。

一九八二年一一月二九日に行われた出版契約書ひながた統一のための協会案の決定にはこれだけ慎重な手続が採られていた。高野さんがこうした慎重な手続を採ることを必要と考え、何回かの理事会で私が説明することを必要と考えたからであった。協会という組織からみて、協会案に対し後に一人でも理事が反対だったといった苦情が出ると、書協に対しても、協会会員に対しても、立場、基礎が揺らいでしまうからである。そもそも前年七月二〇日の書協との懇談会がたんなる懇談に終り、統一契約書作成のための交渉の主導権を書協がもつことを高野さんは危惧し、高野さんの要請にもとづき、私はかねてからもっていた見解にしたがって協会案の素案を作成したのであった。そういう意味でも、高野さんは将来への展望をもつ見識の高い方であった。

いったい、それまで書協型のひながたと協会型のひながたとの二種の出版契約書が存在した（後に記す事情で、統一契約書ひながたは合意できなかったので、現状も同じはずである）。書協型ひながたは一方的に出版社に有利な条項を多く規定し、協会型は一方的に著者に有利な条項を多く規定していた。たとえば、書協型ひながたでは著者は対象とする著作物について出版権を設定することが規定されているのに対し、協会型ひながたでは著者は対象著作物について出版社に単純な出版許諾を与える、いいかえれば出版してもよいという許諾を与える、という規定になっている。協会型ひながたで契約すれば、著者はA出版社に出版を許諾しながら、同時に、同じ著作物についてB出版社にも出版を許諾できることになる。これでは最初に出版するA出版社にとってあまりに不合理、不公正である。一方、書協型ひながたで契約すれば、その設定期間内、出版社は独占的に出版できるばかりか、第三者の著作権侵害に対しても出版社の判断で、出版社の名で法的手続をとる権利が与えられることになる。

私自身は私の著作物を特定の出版社が出版してくれるのであれば、一定の期間、出版権を与えても差支えないと考えているし、少なくとも一定の期間、同じ著作物を他に出版させない、という約束をすること、法律的には一定の期間の独占的出版許諾を与えることが道義的にみても当然と考えていた。私は協会案を起草したさい、独占的出版許諾、ということで書協と妥協し、この譲歩の代償として、不合理、不当な条文を是正したいと考えていた。

たとえば、著作権使用料の支払方法について売上部数制と発行部数制との対立がある。前者は欧米で通常だし、書協型が採用している方式であって、この方式では売り上げた部数に応じた使用料を支払うことになり、一見合理的にみえる。しかし、わが国のように委託販売制で書店がいつでも版元に返品できる制度の下では、何回かの増刷をするほどに売上が良くても、いわゆる流通在庫のため、売り上げた部数を正確に確定することは何時まで経ってもできないこととなる。書協型ひながたで契約している私の友人が、彼の著書がベストセラーになって何度も増刷しているのに、実売部数が確定しないといって出版社が使用料を支払ってくれない、と嘆いていたのを聞いたことがある。協会案では発行部数制を主張している。この点は書協側委員との間で熾烈な論争点となった。

また、協会型では、校正の責任は出版社にあると規定されているが、書協型では、校正の責任は著者にある、と規定されている。書協側委員の説明では、自然科学関係の著書のばあい、著者の作成した図表等が挿入される著述があり、そういう図表等の校正について出版社は責任をもてない、ということであった。そうであれば、文藝書のばあい、著作者に少なくとも一回校正の機会を与えなければならないが、校正の責任は最終的には出版社にある、としたらどうか、といった趣旨の対案を提示した。

その後、一九八五年二月一九日第二回交渉、同年四月一九日に第三回会合、同年七月一〇日に第四回会合、同年一二月一一日の第五回会合、と会合をかさね、双方の委員間では、当初の協会案にいくつかの修正を加えたかたちで合意したが、その後、書協からの最終の正式回答は遅れに遅れ、一九八七年三月、書協から詫び状が届き、両者の委員間で合意した統一契約書の採用は書協の正式機関の承認が得られなかったので、この問題は断念してほしいということであった。私の理解した限り、中小出版社が反対したという。一方、この年、書協は一般用出版契約書ひながたの改正を公表したが、出版権、実売部数制使用料など出版社側にとって有利な規定はすべて温存されることとなった。中小出版社からその著作を出版する著者の多くは出版社に対する立場が弱く、出版社の求めるままに出版契約書に調印するのである。これが、中小出版社が統一契約書案に反対した理由であった。

この間、一九八四年七月の総会で山本健吉さんが理事長を退いて会長となり、野口冨士男さんが理事長に就任、野口さんが一九八七年に退任して三浦朱門さんが理事長に就任、一九八八年五月七日、山本健吉さんが死去なさった。山本さんは私を文藝家協会に理事として迎え入れてくださった方であるが、『智恵子抄』事件につよい関心をもっていた。通常の訴訟事件であれば、私のばあい、企業の代理をすることが多く、裁判所で口頭弁論が開かれるさいは、法務部、特許部などの部員が二、三名必ず傍聴し、弁論が終った後に弁論の要点の説明、今後の方針の打ち合わせなどをするのが通例だし、アメリカやヨーロッパの企業を代理するときも、アメリカなど本国から傍聴、打ち合わせのため来日するのがふつうである。しかし、『智恵子抄』事件のばあい、名義上、私の依頼者である高村豊周さんの遺族はまったく訴訟に関心をおもちでなかったから、北川太一さんに絶大なご助力をいただき、また、証人として証言もしていただいたが、ふだんの法廷では、高村光太郎側には一人の傍聴人もおいでにならないことが多かった。私は始終、孤立無援で前線に立つ兵士のような気持で法廷に出ることが多かった。高野さんが関心をもち、何回か傍聴に来てくださったことがある。山本さんから示唆があったのかもしれないが、高野さんご自身も私の心境に同情してくださったためにちがいない。高野さんはそういう思いやりのある方であった。

ここまで書いて、私は書協との間で統一契約書ひながたができなかったことが、あらためて残念でならない。私が書協の然るべき機関に出席し、反対者を説得する機会を与えられたら、きっと説得できたろうと考えている。その程度に両方の委員間で合意したひながた案は公正、合理的なものであった。統一ひながたがあれば、これに沿った契約書に著者の誰もが署名し、契約書作成が一般的となり、かりに契約書のない当事者間で紛争がおこれば統一ひながたの規定を社会的基準と裁判所は考えるであろう。そういう意味で、統一契約書ひながたの果たす社会的意義はまことに重大なのである。あと一歩であったと思うと、いかにも口惜しい。

＊

一九八四年四月、協会は「文藝作品の題名について」と題する見解を公表した。全文次のとおりである。

「⑴文藝作品の題名は作者の苦心の所産であり、独創性の高いものが数多く存在します。
こうした作者の苦心や独創性は尊重されるべきです。

⑵その反面、文藝家がその作品の題名を定めるばあいの表現の自由は最大限に確保されねばなりません。

⑶こうした観点から、既存作品の題名と同一題名を用いることは、
㈠既存作品の題名がありふれたものでなく、独創性が高く、
㈺その既存作品の評価が定まっているものであり、
㈧同一題名の作品が既存作品の名声に便乗するものであったり、既存作品を冒瀆するものであったり、既存作品の作者の感情を著しく傷つけるものであるばあいは、避けることが望ましいと考えます。

⑷もっとも、右の㈠㈺㈧のすべてを満足するばあいでも、パロディ等正当な目的のためであれば、既存作品と同一題名を用いることは差支えないでしょうし、また、作者の思想、信条にしたがい、作者の責任において同一題名を用いることも作者の自由です。

(5)この見解は日本文藝家協会が文藝作品の題名について望ましいと考える方向を示すものであり、いうまでもなく、協会員に対し何らの拘束力をもつものではありません」。

ことは大岡昇平さんの著名な作品『武蔵野夫人』と同じ題名のポルノ小説集が刊行されたことがあり、「書記局からの注意に、出版社は大岡さんに謝罪し再版からの改題を約束したが、再発を防ぐために、準則のようなものをつくれないかという要望が大岡さんから出された」と高野さんは前記の「文藝家協会での四分の一世紀」に記している。「書記局からの注意」とあるのは、実情は高野さんがポルノ小説集の出版社に抗議したことをいう。そして、私は高野さんから協会が発表すべき意見の草案の起草を依頼されたので、私が右の文章を起案したのであった。理事会では私の起草した草案に対し多くの理事から発言があったが、草案の趣旨に本質的な反対はなかった。私の記憶では、高野さんが「いかがでしょうか、本質的な反対はおありにならないようですから、原案通り、採択ということになさったら」と発言し、理事長が、「どうですか」と確認し、理事の誰からもどうしても反対という意見がなかったので、この素案のとおり、協会は見解として公表した結果、新聞各社も一斉に報道した。つまり、すべては高野さんがとり計らったことであった。

前記「文藝家協会での四分の一世紀」中、高野さんは次のとおり続けている。

「中村さんが執筆したこの見解は、及び腰とも見えかねないソフトな語調にもかかわらず、十年後に再び起きた「題名借用」に、思わぬ威力を見せた。

平成六年六月、ある東京キー局が放送を予定したテレビドラマの題名が『人間失格』であることを知った太宰治の遺族は、放送局あての抗議文に、協会の見解を添えた。そして見解の趣旨からいって、避けるのが望ましい場合の典型であり、正当な目的がなく、太宰作品についての誤解を招き、太宰治の名誉を傷つける恐れがあると迫った。

折衝の結果、ドラマの題名は『人間・失格』と変えられ、「題名について」は再び会報に掲載された。中村さんが期待した、見解を公表することで社会的に認知させ、一つの基準とするというねらいは、十分に果たされたといえるだろう」。

この問題が発生したとき、私は津島佑子さんから電話をいただいた。テレビの放映期日が迫っているので、いますぐにもテレビ局に赴いて抗議してほしいということであった。ところが当日たまたま私の母が死去し、たてこんでいたので、とても上京してテレビ局と折衝できるような状況ではなかった。私は事情を説明して津島さんにお詫びしたものの、申し訳なく思っていた。高野さんの文章に「折衝の結果」とあるから、高野さんがテレビ局と折衝したか、あるいは津島家の折衝に高野さんが介添えしたにちがいない。この文章には高野さんの謙虚さ、奥床しさがあらわれている。

ただ、この見解は高野さんが予期した以上に重大な法律的意義をもつことになった。それは二〇一一年一月二二日に裁判所の勧告により和解が成立した題名『一行詩 父よ母よ』事件において、東京地方裁判所は勧告の第一項に次のとおり述べていた。

「当裁判所は、文藝書及びルポルタージュ等の書籍の題号に関して、日本文藝家協会の「文藝作品の題名に関する見解」（昭和五九年四月発表）が尊重に値する見解であり、同一題号の書籍の出版が、場合によっては著作者の人格的利益の侵害となる場合があると考える」。

この和解については『判例時報』第五九五号に和解条項の全文と解説が掲載されており、多くの法曹関係者の目にふれるところとなったが、現在では書籍の題号に関してデータベースを検索すれば必ずこの東京地裁の判断が検出されるはずである。協会の声明がこのような法律的な重みをもつことを協会の理事者、関係者は認識しなければならない（なお、この見解は『著作権関係法令事務提要』（著作権法令研究会編集、第一法規刊）にも収録されている）。

協会書記局長として高野さんがどれほど協会に貢献したか、その人柄にどんな魅力があったか、語りつくせないけれども、以上で一応筆を擱くこととする。

＊

協会の書記局長という立場を離れると、高野さんは熱心な探鳥家（バード・ウォッチャー）であった。読売新聞に在社当時も社内で探鳥会を組織していたと聞いているし、文藝春秋ビル内の協会に勤務することとなると、たちまち文藝春秋内に探鳥会を組織したようである。

ところで私は一九九四年五月二九日付『日本経済新聞』に「見沼悪水のほとりに」と題する随筆を寄稿したことがあった。かつては農業用排水路であったことから見沼悪水とよばれる芝川にカルガモを家人と見物に行ったことをとりとめなく書いた文章で、後に『日の匂い』と題する随筆集に収めている。

この随筆に目をとめた高野さんが文藝春秋の人たちの探鳥会においでになりませんか、と誘ってくださった。「私は不精だから参加しませんが、家内は是非お仲間に入れさせてください」とお答えした。そういう経緯で亡妻は高野さんの主宰する探鳥会に参加させていただくこととなった。

私はバード・ウォッチングほど高尚な趣味はないと考えている。ただ観察し、何種類、どんな鳥を何羽ほど見たか、だけで満足し、それ以上何も求めない。亡妻はそれまで図鑑などを頼りに独学していたのだが、高野さんの探鳥会に入れていただいてはじめて鳥の見分け方を本格的に教えていただいたらしい。もっとも高野さんよりも高野洋子夫人の方が詳しかったらしい。啼き声だけで夫人は野鳥を識別することがおできになったという。

それにしても、高野さんは大きな望遠鏡と三脚をお持ちになって、然るべき場所に据えつけ、根気よく、目的とする野鳥が望遠鏡の視野に入るのを待ち、入ると、お仲間に、入ってますよ、と声をかけて野鳥をお示しになるのである。この「入ってますよ」という呼びかけは探鳥を趣味とする方々で誰もがすることらしい。入っている、というだけで、望遠鏡の視野に入っていると理解できるのが何となく可笑しい。

亡妻は気が早いので、いつも探鳥会の人々の先頭グループにいたようである。しばしば重い望遠鏡、三脚その他重装備で先頭を行く高野さんの前へ出てしまうことがあったらしい。高野さんから、奥さん、先に出ないでください、とまた注意された、と探鳥会から帰宅して報告するのを私は何回か聞いたことがある。年に数回、高野さん主宰の探鳥会に参加することは亡妻の最高の愉しみだったし、学習の場でもあった。

私自身は一度だけ伊豆沼のマガンが日没に戻ってくるのを見にいったさい、同行したことがある。本来、朝、飛び立つときの方が壮観らしい。そのため一行は沼にマガンが戻ってくる時間に合わせて伊豆沼着、見物した後、宿に泊って、酒を酌みかわしながら歓談、数時間、仮眠して、夜明けに飛び立つのを見る、というのが探鳥会の決まりであった。私はそういうスケジュールでは体力がもたないし、酒のお相手もできないので、沼に戻るマガンを見ただけで、一泊せず、すぐ帰宅することにした。このさい私は一九九六年一月四日付『毎日新聞』夕刊に「たそがれの伊豆沼」という詩を発表している。第三節だけ次に引用する。

藍いろの空に飛来し、列をつくり、
沼の上を旋回し、はばたき、
滑るように水面に羽を休め、
沼の一隅に啼きかわし、身を寄せあい、
二万羽のマガンがかたまっているから、
波も立たない水面が白く光る。

亡妻は二〇〇〇年一月八日に間質性肺炎のため急逝した。私は高野さん夫妻が野鳥観察により亡妻の晩年を豊かにしてくださったことに心から感謝している。

＊

高野さんは一九九四年一二月三一日に書記局長を退任、井口一男さんが局長に就任した。このときは理事長は三浦朱門さんから江藤淳さんに変っていた。理事長は退任したけれども、これは三浦さんの発想によるものであった。三浦さんはどこかで職員の経費が何割かを超す社団法人は財政的にみて不健全だ、とお聞きになり、高給の書記局員はどしどし退職してもらわなければ健全財政にならない、という信念をもっていた。協会は協会員に対するサービスが主な事業だから、理事会等の会合をふくめ、協会員へのサービスを担当している書記局員を馘首すれば、サービスが不可能になり、協会は運営できなくなる、と憂慮したが、江藤さんは三浦さんの意をついで高野さんを退職させたのであった。短慮としか言いようのない人事であった。その後井口君も一、二年で退職、井口君の次に旧い書記局員であった川高保秀君が後任となったが、この人も間もなく退職を余儀なくされた。その結果、協会の慣行も、税務や著作権等にも明るい職員はいないも同然となり、書記局は弱体化し、眼もあてられぬ惨状を呈するに至った。そのころは私は理事を辞めていたので、現状は知らない。

＊

高野さんが退任したとき、黒井千次さん、高井有一さんと私とで高野さんの慰労送別の会合をした。高野さんの退任を惜しむのは私だけではなかったのである。中国料理店でささやかな宴席を設けたのだが、黒井さんの懇意な店だったように憶えている。だから、この小宴もたぶん黒井さんが呼びかけてくださったものだろう。

＊

高野さんは二〇一一年五月七日、急性心不全のため急逝した。八四歳であった。亡妻が生きている間は、書記局長退任後も、探鳥会に誘われたので消息をお聞きしていたが、亡妻が他界してからはほとんど交友が途絶えていた。何故かその理由は分からない。

工藤幸雄

飯島耕一が中心となって発行した『カイエ』という詩の同人誌があった。一九五〇年刊の第三号に工藤幸雄が「襟裳岬」という詩を寄稿していた。一読して私はこの詩に感心した。工藤の詩集『不良少年』に収められているので、詩集から引用する。お読みくだされば お分かりのとおり、各一行がかなり長い作品である。

一軒きりの襟裳《えりも》の宿屋はひとむかしまえの駅逓《えきてい》で
父子《おやこ》の案内されたのは廊下の奥の陽当たりのいい八畳だった
おひるのおぜんの運ばれるまでおなかをすかしてまちながら

バスのつかれをあおむけになりふたりタバコをふかしていたのだが
まぎれもないゴールデンバットの煙のいろが窓をとおして
さしてくる初秋の陽にみごと紫にもつれたゆたうのであった

＊

めしをすませて風の中を丈低《たけ》い草の丘をこえて断崖《きりぎし》の下
潮の行き交う岩間や新しい燈台やこんぶ乾しの人々などを見た
歩きつかれておしまいにお茶がしのあめと饅頭《まんじゅう》をかった店で
西洋なしのやわらかなのを四つ夕食のデザートに用意した

＊

夕暮れが岬の空にひろがるころ風は落ち星がひかった　人たちは
おおひやっこなどといいながら映画を見に小学校に集まっていくらしく

吹きだまりのような町並みを大声《おおごえ》に口上をのべまた法螺貝を吹きたてて
高刃《たかば》でゆくのはさっき宿でみた雲水《うんすい》姿のあの売薬の若者にちがいない

＊

夜　父は先に床《とこ》につき　息子ははがきを二枚かいてから
炉端《ろばた》にはなしに出かけごちそうの煮豆をつっつき大鉄瓶から茶をついだ
さて寝にもどると父はまだ眠らずにいる　息子はおづおづ口を切る
「母さんからなんですが　死ぬまえに一度ぜひあやまりに伺いたいからとそのことだけを」
「ぼくは君の母親というひととはもう二度と会いたくないと思っているよ」
老人は多くを語らなかった　電燈を見ながら息子はそろそろ眠たかった

＊

翌日父子をのせた乗合バスは　けさは海の上に虹のみえる海辺の道を
小一時間ゆれもどって幌泉《ほろいずみ》から　父は北へ息子は東へと別れ去った

（一九五〇）

『不良少年』所収の詩には末尾に※印が付されており、次の付記がある。
「※　詩を読んだ吉行淳之介から「君、短篇小説を書かないのか」と問われた覚えがある。「君の顔は若いころのおれの父親に似ているんだ」――別のとき吉行はそうも話した。このころもそののちも父は田舎弁護士をしていた」。

工藤の『ぼくの翻訳人生』には次の記載がある。
「戦前の大学法学部出身者に弁護士の資格を特別に与え、開業を許すこととした戦後の法令改正によりやっと生計の道が見付かった父は、単身、故郷の北海道に帰り、室蘭《むろらん》、浦河を経て、網走《あばしり》で死んだ。フルシチョフによるスターリン批判がソ連共産党大会を湧かせた五六年の三月を知ることなく、その二月に父は亡くなった。「ぼくは君たちの母親という人とは二度と会いたくないと思っているよ」――それが、八人の子をなした母への残酷な伝言であった」。

同じ『ぼくの翻訳人生』には、「北海道の石狩の西浜という漁師町の網元の四人兄弟が父たちで、揃って札幌第一中学から高校に進学した」とあり、また、「父が大学を出てすぐに満鉄に入社したのが大正二年（一九一三）、どこで同期だったかしらぬが、岸信介《のぶすけ》元首相（佐藤栄作の実兄）のことを「岸君」と呼んでいた」とある。

「戦前の大学法学部出身者に弁護士の資格を特別に与え、開業を許すこととした戦後の法令」について、私は聞いたことがない。反面、ある時期まで、たぶん一九二五年ころまで、帝国大学法学部卒業生には無試験で弁護士資格が与えられていた。私の先師中松潤之助先生は京都大学法学部の出身だったが、そのことだけで弁護士資格が与えられていたので、卒業後すぐに弁護士登録をなさった。フランス大使をなさった木内昭胤さんの父君でローマの日本文化会館の初代館長をおつとめになった木内良胤先生は中松先生と同期の一高出身であり、東大法学部卒業後外務省にお入りになったが、戦後、弁護士登録し、中松事務所に籍をおかれたことがあった。

それ故、私は工藤幸雄の父君もどこかの帝国大学法学部、岸信介と同期であったということからみれば、東京帝大法学部の出身であったために弁護士資格をおもちだったたのだろうと考える。しかし、大学卒業後、弁護士実務の経験はおもちでなかったので、六法全書をひもときながら、法律実務を何とか処理して生計を立てられる北海道の室蘭、浦河、網走といった町で弁護士を開業したにちがいない。

また『ぼくの翻訳人生』の記載に戻ると、工藤の父君は一九四〇年満洲から引き揚げ、中野の江古田に一〇〇〇円で二階建ての古家を買い求めていたが、一九四五年五月二五日の空襲でこの家は灰燼に帰し、「母は独り残った末の弟を伴って、以前から疎開用に建ててあった父の住む長瀞《ながとろ》の小屋へと転がり込む始末となった」という。

そこで「襟裳岬」にようやく戻ることとなる。北海道の辺鄙で、荒寥たる岬の宿における久しぶりの父子の再会が静かな筆致で語られる。抒情詩のようでありながら、短篇小説を読むかのような風趣がある。この作品を読み進んで読者が驚くのは、作者の母親に二度と会いたくないという父親の言葉であり、そうした父母の間に何があったのかは語られない。この解き明かされない謎が読者の心に刻まれ、この詩に深み、ふくらみをもたらしているのだが、同時に、そういう父親の言葉を聞く子である作者と父親との間にも、埋めることのできないふかい溝があることを読者は教えられる。これらの二重のくろぐろした心の陰影が読者の心に残るのである。しかも、くりかえしていえば、この作品はあくまで平静に、抒情的な筆致で、父子の再会とその別れを語るのである。

私が工藤幸雄の詩を読んだのはこの「襟裳岬」が最初であった。工藤を端倪すべからざる詩人として私はこのときはじめて認識した。

＊

詩集『不良少年』の末尾に「転居—個人的なメモ」と題する二〇〇四年三月に至る、実質的な年譜が付せられている。その年譜に東大フランス文学科に「在学中より同人誌「世代」（吉行淳之介、日高普、中村稔、矢牧一宏、佐久間穆、橋本一明、都留晃、米川哲夫、いいだ・もも、森本和夫、浜田泰三ら）詩誌「カイエ」（飯島耕一、栗田勇、村松剛、東野芳明ら）に参加」とある。

工藤が東大に入学したのは一九四九年四月であり、当時『世代』は休刊中であった。しかし、同人たちの会合は続いていた。同人といっても、誰もが一度でも出席すれば同人と認められたし、同人費を支払う義務もなかったから、工藤も橋本一明か誰かに誘われたのであろう。『世代』は発行年月日不詳だが、たぶん一九五〇年暮ころ、ガリ版で復刊した。これが通巻第一一号であり、一九五一年七月刊の通巻第一三号までガリ版刷りであった。

どういう資金調達がされたのか、私にも不明なのだが、通巻第一四号が一九五一年一二月に刊行された以降、一九五三年二月刊の通巻第一七号を刊行して終るまで、活版印刷となった。この第一四号に工藤はマヤコフスキーの詩「宣戦布告」の翻訳と、まや・こうすけという筆名による同人雑記「一つの提案」を寄稿し、第一五号に「幸福はどこに〈ウジエーヌ・ダビのソヴエト旅行〉」と題する評論を発表している。工藤の姓名はいずれも平仮名でくどう・ゆきおである。

《夕刊！　夕刊！　夕刊！
イタリヤ！　ドイツ！　オーストリヤ！》
と、広場の上を暗くくろぐろと人々のむれあう中ににごりいろの血の流れがこぼれ注いだのだ！

という第一連にはじまる「宣戦布告」はたぶん反戦詩であろう。一九一四年六月二〇日という日付が付されている。

「一つの提案」の要旨は次の文章にある。

「そこで提案がある。原爆の悲惨についてのあらゆる作品・記録・調査・写真・書類を編集翻訳印刷して世界各国の大学・図書館・研究所・その他の団体に贈ることだ」。

「世界がめざめるために、戦争をしないために、原子力を人間の進歩と幸福とに役立てるために、私の提案がやがて世論になり、その実現の一日もすみやかならんことを！」。

「幸福はどこに」で紹介されているウジェーヌ・ダビがどういう作家であるか、私は知らない。ただ、この文章の最後に工藤は次のとおり記している。

「ダビがAと幸福の日々をすごしたのは、幸福な人々の生きるURSSであった。そこでは生きられる生活があり、平和と信じられる未来がある。ダビの住むもう一つの世界には、生きられぬ生活と、戦争と、閉された未来としかなかった。ダビがAの愛に生きたとしても、それは瞬間に生きて、その生活と未来とを忘れさせるためでなかった、とだれが言えるだろう。

死者を鞭うつことはすまい。八月卅一日セバストーポリの病院の一室に、やがて卅八になろうとするダビの生命は、突然永遠に奪いさられたのだから」。

この時期、工藤は政治の季節に生きていたようにみえる。そして、社会主義国ソ連を理想化していたかのようにみえる。工藤幸雄には、くろぐろとした暗黒をかかえた抒情詩

「襟裳岬」の詩人と理想社会を追求する政治的人間とが同居していたように思われる。

＊

工藤は一九二五（大正一四）年三月生まれだから、私よりほぼ二歳年長である。しかし、彼は四年浪人して一高に入学したので、彼が入学したときには私は三年生であった。彼は一九四六（昭和二一）年九月に入学したと記している。本来同年四月に入学したはずだが、食糧難のため、一高で新入生を受け入れる体制ができていなかったのかもしれない。

そのころ、私は南寮八番という一般部屋で生活していた。間もなく原口統三が南寮二番の寝室で起居しはじめた。一年下級の二年生だった橋本一明、都留晃が原口を護衛するように付添って南寮二番の寝室に移ってきた。原口は赤城で自殺をはかって失敗していたが、自殺することを公言していた。原口は後に『二十歳のエチュード』として出版された彼の遺稿を孜々として書きつぎ、また、推敲していた。

宇田健をはじめ、原口を敬慕していた下級生たちも始終顔を出していた。時には原口も、筆を休めて彼らの相手をして雑談することがあった。原口は大連出身だが、工藤も大連で生まれ、奉天（現在の瀋陽）で育ったので、誰の紹介か知らないが、時々南寮二番の原口の様子をみにきた。私は一日に一度くらいは南寮二番に出入りしていた。そういう関係でおのずから工藤と知り合うことになった。

しかし、原口が南寮二番で暮らしはじめたのは一〇月二日の赤城での自殺未遂の後、同月二五日には逗子海岸で自死しているから、僅か二十数日にすぎない。ただ、この期間は私には半年ほどの長さとも感じられるほど緊迫した日々だったのだが、原口の生前、工藤とどれほどの交際をもったのかは疑わしい。むしろ、原口没後、ことに、工藤が『世代』の会合に出席するようになってから親しくつきあうようになったのではないか。

工藤は、すでに記したように、私より二歳年長でありながら、二年下級生であった。彼との関係はそのために若干微妙であった。彼は下級生として私を立てるわけでもなく、年長者として私を見下すわけでもなかった。彼は飄々として超俗的にみえた。対等の立場ながら、いつも若干距離をおいているかのように私は感じていた。私が最初の詩集『無言歌』を彼に贈呈したと彼は書いているので、「襟裳岬」を読んで以降、彼に親近感をもったことは間違いない。

工藤は経済的にも、家庭環境も、女性関係も、かなり若いころからずいぶん苦労したようだが、私はそうした苦労を知らずに大学を卒業し、司法修習生を経て、弁護士となり、その仕事の余暇に詩や評論などを執筆して発表し、安楽な生活を送っていた。工藤はいつも飄々としているようにみえた。時に会うことがあっても、工藤は俗事に悩んでいるような気配はつゆほども見せなかった。政治の季節もとうに終っていたにちがいない。

*

話は一挙にほぼ三〇年後に飛ぶ。一九七五年三月、工藤はワルシャワ大学東洋学研究所日本語学科の日本語講師として一九六七年一〇月以来滞在していたワルシャワから帰国した。『不良少年』の「転居」記録によれば、「友人各位の斡旋よろしく法政（夜間部）、明治、早稲田などでフランス語、東京外語大でポーランド語の非常勤講師を掛け持ち、やっと糊口を凌ぐ。奥野健男、島尾敏雄らの推挽により、七七年四月、多摩美術大学教授に採用される」とある。法政大学には日高普が多年教授をつとめていたから、その夜間部の非常勤講師に斡旋したのは日高ではないか、と思われる。多摩美大教授に採用され、工藤がその非常勤講師を辞することになって、日高は多少その面目を失する事態となったらしい。しかし、日高は不面目をいささかも気にかけることはなかった。その一九七七年七月、『ワルシャワの七年』が刊行された。ある夜、日高から電話があった。「工藤の『ワルシャワの七年』を読んだか。すごくいい本だから、一日も早く読んだらいい」ということであった。工藤によれば、日高は『図書新聞』で『ワルシャワの七年』を絶讃したそうである。日高の勧めで私は同書を読み、瞠目し、感動した。いわば私の無智について大いに啓発された。しかもこの本は愉しい読物でもあった。たとえば、冒頭に近く、次の記述がある。

「ある日、あるとき、私はワルシャワ全市でいちばん高い建物の展望台にいました。日本から来た友人をそこへ案内したのです。この建物、かつては「スターリン記念文化と科学の殿堂」とでも訳す正式名称がついていました。全ポーランドでただ一つモスクワふう摩天楼（四十二階建て、二百三十メートル、塔屋の部分四十三メートル）は、よく言えば壮大です。しかし、超高層ビルと呼ぶよりは、だいぶ時代がかった〈摩天楼〉の名がむしろふさわしい。正直いってワルシャワっ子のつけた綽名の一つ（そうです、彼らは大の綽名好き、冗談好きです）〈聖ユゼフ大聖堂〉がいちばん似つかわしいようです。スターリンの名のヨシフはポーランド流にするとユゼフです」。

「それにしても〈聖ユゼフ大聖堂〉とは意味深長な綽名です。それはポーランド人の複雑な精神構造を如実に示しているからです。この名は、まずソヴェト・ロシアに対して、ワルシャワの市民の抱く――最も控えめな用語にとどめても――違和感の表れです。ソヴェト式文化への軽視の表現です。同時に、スターリン体制を、ずばり、一種の宗教集団、教団と受けとめた直感力が見あげたものです」。

「聖ユゼフ大聖堂」という綽名でまず私たち読者を笑いに誘い、ついでそう綽名したポーランド人の精神構造の精緻な説明に至る、まことに見事というべきだろう。

ついでにもう一つ、小話を引用する。

「ソヴェト連邦、ドイツ民主共和国、などなど社会主義国のことを〃兄弟国〃と呼ぶけど、あれはなぜか知っていますか」。

「さあ、なぜだろう」。

「かんたんです、友だちならばかってに選べるけれど、兄弟は選びようがないから」。

同書の第一章「亡国の歴史」の末尾に近く、工藤が披瀝している見解を紹介したい。

「あるモスクワのインテリ青年が日本の女性にこう言って自慢したそうです。「モスクワで消費財が絶えず不足しているのは、市民の購売力があり余っているからだ。日本では店にいけばいつでも何でも買えるという話だが、それは買いたくても買えない人が多いために品物が余っているに決まっている」それは、入居したての真あたらしい共同住宅の部屋にいつまでも家具を買えないためのいいわけではなしに、本気でそう信じている口ぶりだったとその女性は話していた。幸いポーランド人は、こんな自慢はしない」。

右のとおり前置きして、以下、工藤はその見解を記している。

「いまのところ、世界に現存する社会主義国は多かれ少なかれ、資本主義下の近代・現代の後進国であり、資本主義列強の犠牲者でした。その後遺症が、これらの国の現状にはっきり影を落としていることは否定すべくもありません。かと言って、先進資本主義国にようやく仲間入りした日本がこのさき社会主義に移ったとして、従来の社会主義の通弊までもいっしょにとりこんでしまう危険性は皆無ではないでしょう。（中略）政権の恣意を食いとめるためには、国民によるきびしい監視がぜひとも必要であることは、体制を問いません。これまでの社会主義の大きな誤りは、国民による政権の監視を、国家による国民の監視に置きかえたところにあります。そのようななかでは、社会主義もまた保守化し、反動化し、停滞し、民衆の不満をつのらせて行きます。そうでないとすれば、労働者の政府が、労働者の欲求不満の爆発を招いて、二度までも崩壊したポーランドの例を、どう説明できよう」。

工藤の記述するところによれば、ポーランドではこの時点までに四回の暴動を経験している。

第一回は一九五六年六月、フルシチョフのスターリン批判後の体制下における賃上げ、民主化要求の暴動であった。

第二回は一九六八年の「三月事件」とよばれる知識人・学生の学問・藝術の統制に対する反抗運動であった。

第三回は一九七〇年一二月の食品値上げに反対する労働者の抗議ストライキであった。

第四回が一九七六年六月の食品値上げに対する労働者大衆の抗議運動であった。

これらの異議申立はソ連の介入、あるいはソ連軍の侵入、弾圧を招くことなく、収拾され、成果をあげたようである。

この時点で工藤は社会主義が国民の監視の下に実現されることが望ましいと考えていたようである。後の著書『ワルシャワ物語』で〈社会主義〉のように〈 〉印のあるソ連型(社会主義)とカギ印のない社会主義とを使い分けていることは後にみるとおりである。

*

『ワルシャワの七年』の第二章「民衆は抗議する」に第3節「苦難するユダヤ人」という文章がある。

「重苦しい話題の初めに、ジョークを紹介して一息ついておきましょう。「日本と関係があるジョークなんだ」との前置きつきで、ある汽車旅行の相客から聞かされたのは、こういう笑い話です。

「ユダヤ人が外国貿易省にやって来た。製品の売り込みにかけては腕に自信があるから、何か仕事をさせてほしい、と男は言う。お役人は難題を提出した。時計の本場スイスへ行ってほしい、国産の時計を一千個、売ってくる仕事だがね、意気揚々としてユダヤ人は出かけた。四、五日もすると、にこにこ顔で報告に現れた。すっかり売れましたよ。お役人は舌を巻き、さらに難題を出した。こんどはイタリアへ行ってもらえるかね、国産の乗用車『ワルシャワ』『スイレナ』など合わせて一千台、これをぜんぶさばいて来てくれ。ユダヤ人は意気揚々と旅立った。一週間もすると、ユダヤ人は、また満面に笑いを浮かべて報告にやって来た。局長さん、すっかり片づきましたぜ。それはご苦労、では小型テープレコーダを頼もうかね、と役人が言った。一千台を日本で売って来てくれたまえ。ユダヤ人はちょっと浮かぬ顔をみせ、それでもワルシャワ空港を飛び立った。二ヵ月、三ヵ月、ユダヤ人は戻って来ない。四ヵ月、五ヵ月、半年がすぎてから、やつれ切って帰って来たユダヤ人は、ため息まじりに言った。局長さん、やっとどうやら売りさばいて来ましたが、こんどばかりはさんざんの苦労でした。何しろユダヤ人がいなくってね、日本には」

粗悪な国産品についての自嘲の半面には、世界のどこの国へ行っても実業界をがっちりと握っているユダヤ人同士の結束、それに対する嫉視、また裏返しの蔑視の目つきがのぞくジョークである」。

「さて、小話を語り終えると、このインテリ紳士は、おずおずと、しかしまじめな顔で私にたずねました。

「しかし、ほんとうにそうですか、日本にユダヤ人がいないっていうのは？　市民権をとって、日本の銀行や会社を握っているユダヤ人が、ずいぶん、いそうなもんだと思うが」

ユダヤ系市民の支配していないビジネス社会の存在が、この人には（おそらく大多数の欧米人にとっても）信じられない表情なのです。日常、身の周りにユダヤ人をもたない東アジアの人間の感じ方と、彼らヨーロッパ人の対ユダヤ感情のあいだには、想像もつかないほどの開きがある、そしてその事実は、この問題に関する私の考察をいっそうやりにくくします」。

この後、ユダヤ人がポーランドの地に出入りするようになった九、一〇世紀以降の歴史を記述しているが、近代の情況を以下に引用する。

「第二分割の直前（一七九一年）ポーランド領の人口に占めるユダヤ人口は一割の九〇万に達し、うち三分の二の六〇万が都市に住んだ。比較のために示せば、当時、人口構成は、士族が七〇万、聖職者五万、一般の都市居住者六〇万、農民六五〇万、その他アルメニア人など二五万だった。ポーランドの伝統の保持者であるとされた士族の数よりも、ユダヤ人のほうがかなり上回っている点に注目したい。しかも都市の人口ではユダヤ人とポーランド人が相半ばしていた。

金貸し業は、ポーランド社会上層の財貨を集めた銀行へと成長していった。しかしユダヤ人に公民権はなく、兵役をまぬがれる代りに特別税を課され、公職にもつけず、居住地も限定された。このような制限もまた同化を妨げる外因となった。

やがてユダヤ社会のなかからも自ら同化を求める運動が起こる。十八世紀末、ベルリンに起こったユダヤ人啓蒙のハスカラ運動は、やがてポーランドにも波及して、ユダヤ人みずからユダヤ社会の近代化をはかろうとする。ハスカラの創始者モゼス・メンデルスゾーンは、作曲家フェリクス・メンデルスゾーンの祖父であったが、ポーランドにおけるこの運動の中心人物、ハイム・ゼリグ・スウォニムスキは、〈三月事件〉の抗議運動に名をつらねた詩人、アントニの祖父に当たる。スウォニムスキ家のように、カトリックに改宗するユダヤ人が続出するのは、このころからである。

細かなことは端折るが、十九世紀から今世紀にかけ、資本主義の発達につれてユダヤ人社会にも階級分化が目だってくる一方、科学、文化、藝術を築き、あるいは近代プロレタリアートの発生とともに興る革命運動に献身したポーランドのインテリゲンツィアのあいだにはユダヤの名が多い（例えばルージャないしローザ・ルクセンブルク）ことを言い添えねばなるまい」。

「ユダヤ人が金融、商業の分野をほとんど独占したために、大衆の恨みを買ったことは想像にかたくありません。街道筋の旅人宿も、酒場も、粉ひき小屋も、領主の経営権を下請けする形で、そこのおやじはたいていユダヤ人でした。近代になると大工場、大会社もユダヤ資本に握られます。見方を変えれば、ポーランドの近代資本主義の背景には、白眼視されながらにせよ、ユダヤ人の幅広い活動があったわけです」。

右は工藤の記述のごく一部にすぎない。私自身、メンデルスゾーンが同化に熱心であったこと、ローザ・ルクセンブルクがユダヤ人であったことなど、断片的な知識をもたないわけではなかったが、同書の綿密な記述によってヨーロッパにおけるユダヤ人問題の根源がどこにあるか、ほぼ理解できたかのように感じたのであった。そういう意味でも『ワルシャワの七年』はじつに有益であった。

＊

『ワルシャワの七年』は有益だが、じつに深刻な問題指摘と提起に満ちている。しかし、同書を紹介するにあたり、工藤家のもてなしにふれておかねばなるまい。

「かって気ままな口がきけるのは、買いもの、食事は女房まかせにして、広いポーランドでただひとり、すべて手づくりのもやし、豆腐、厚揚げ、納豆、味噌、梅ぼし、腕によりをかけたしめさば、ひらき、あじのたたき、たいのうしお、こいこく、こいのあらい、いかの糸づくり、ぎょうざ、肉まんじゅう、中華そば、また手打ちうどん、とれとれの甘えび、歯ぎれのいいかずのこ——と、安あがりのうえに口に合う日本ふうのめしにありつけたおかげです。その苦心、工夫のほどは家内の筆の領域を荒らすことになるので話はいっさい控えるとして、大豆を含めて安い値段で買えるせっかくのうまい材料を使いこなせずにいる市民たちをしりめにかけ、「ああ、おれはいま、この瞬間、全ワルシャワ、全ポーランドでいちばんうまいものを食っている」と、毎日でもうそぶいていられた身ですから、それこそ〝田舎大名〟の冥利《みょうり》につきるというものです」。

続いて、友人、知人の差し入れによって、「各種各銘柄アルコール飲料貯蔵の絶えること」がなく、「わが家に出入りした延べざっと三百人にはなろうと思われる日本からの客人たちに賞味していただいた」という。

これは右の記述にもみられるとおり、工藤久代夫人の『ワルシャワ貧乏物語』にこれらの食品の入手、調達の苦労がつぶさに記されている。たとえば豆腐を作るにはニガリが必要だが、ニガリが入手できない、そこでニガリの化学記号をポーランドの化学者に見せたところ、石膏だと教えてくれた。その結果、中国産石膏粉を入手し、豆腐を作るのに成功する、といった話が同書に数多く記されている。

そういえば、まだ『ワルシャワの七年』が刊行される以前、『世代』の会合が新宿で催されたことがあった。工藤が帰国して後、はじめて再会した機会だったが、会場の中華料理店に着くと、見知らぬ中年の大柄な女性がすべて仕切っていた。やがてその女性が工藤久代夫人であることを教えられたのだが、彼女にとって『世代』の人々はすべて初対面だったはずである。そういう席で、場を仕切るほどに積極的で物おじしない女性であった。私はあっけにとられる思いがしたし、こういう女性は私には苦手だと感じていた。しかし、考えてみると、これは彼女の一面であり、同時にこうした物おじしない積極性があるからこそ、七年間で三〇〇人もの日本からの客人をもてなすことができたのであろう。じっさい、私の知人で工藤のワルシャワ滞在中、ワルシャワに旅行したさい、工藤夫妻の世話にならなかった人は一人もいない。ほんのかすかな縁故でもあれば、工藤家を訪ね、厄介になったのであった。いうまでもなく、社会主義国であった当時のポーランドでは、そんな縁故でもたよらなければ安穏と滞在できなかったであろう。ただし、私は一度もポーランドを訪ねたこともないし、したがって工藤家のもてなしに与ったこともない。

ここでしめくくっていえば、『ワルシャワの七年』は、ポーランドという国に住む人々、歴史をふくめた社会政治体制などのじつに緻密で犀利な観察の書である。小話を多く用いながら愉しく読ませる、啓蒙的であると同時に、ポーランド人とは、人間とは、社会主義とは、といった多くの問題を読者に考えさせずにはいられない著述である。日高が『ワルシャワの七年』を絶讃したのもまことにもっともであった。

＊

『ワルシャワの七年』から僅か三年後の一九八〇年八月刊行された工藤幸雄の著書『ワルシャワ物語』では、工藤の政治的姿勢は前著に比べ相当に変ったようにみえる。

第二章「ポーランドの明暗」に次の記述がある。

「「社会主義のために人びとがあるのではない、そうではなしに、人びとのために社会主義がある」「冒険のないところに前進はない」「神を信じる人びとも、信じない人びとも共に力を合わせよう」「話し合いこそは政権と民衆をつなぐきずなである」「建設的な批判に耳を傾けよう」――これらは一九七〇年十二月、ゴムルカに替って党（したがって国家の）最高指導者となったギエレク第一書記の〈名言〉のかずかずである。それから十年、果たして、どれほどの前進があったのか。ゴムルカが怠った技術革新は、日本を含む西側諸国からの巨額の借款によるプラント建設などを通じて進められてきた。この〈冒険〉のための負債は百数十億ドルにのぼるといわれる。西側向けの輸出伸長の目標は、西側の不況インフレに妨げられてねらいどおりには果たされていない。数年も続きっぱなしの夏季の天候不順による不作が農業、牧畜の不振に輪をかけている。食糧事情は極度に悪化している。ギエレク登場の当時、輝かしくみえた前途への夢は、またしても光を失ったようだ。

肉不足は恒常的となった。公定の三倍の値段で肉を売る店が公認の販売店として生まれた。品不足はそれでも解決されない。この種の店は、英語に直訳すればコマーシャル・ショップ（商店）というのだが、三倍の支出を覚悟せねば肉を買えない店に、コマーシャルの形容詞をつけるのは、いかにもこっけいに聞こえないだろうか。この名が商業を軽視してきた〈社会主義〉への反省であるなら、それなりの意義はある。だが、市民に便宜を与える半面、その生活を圧迫する制度に、あえてコマーシャルの名を冠するのは、商業を正しく理解したことにはなるまい。商業が、市民の不快、不満の対象となってよいはずはない。資本主義国のどこに、市価の三倍で販売する権利を公認された〈商店〉があるのか。〈社会主義〉をそとから眺めているわれわれには、この種の店は別の命名が適当であるように思える——たとえば、特別とか特設とか、変則とかのごとき。いや、むしろ〈社会主義〉的肉店と呼ぶべきか。

そんなワルシャワにも、電話で注文すれば、注文どおりに肉類を自宅に届けてくれる制度が現存している、とあるポーランド人から耳にした。しかも、その電話は、こちらからかけるのでない、向うからかかって御用聞きをするのだという。〈社会主義〉では夢のような、こうしたコマーシャリズムのサービスを受けるのは、党・政府の要人たちの家庭に限られる」。

「真相、真実が伝えられない、その結果、うわさが幅をきかせる、知らされない側の市民のあいだに不安や不満がひろがる——これが〈社会主義〉ないしは全体主義体制の通弊であり、そうした体制につきまとう暗影の源の一つがここにある、このことはもはやわれわれの常識とすべきである。独占資本の支配する体制を倒して人間の解放、自由、平等、民主の確保、勤労大衆の幸福を実現する人民政権――かつて社会主義に寄せられた夢は二十世紀の〈社会主義〉の歩みにつれて、つぎつぎにその輝きを薄くしてきた。〈社会主義〉の歴史は、人権を守るはずの体制に対する幻滅の歴史であったとさえ言えるだろう」。〈 〉印つきの社会主義、〈社会主義〉とは似非社会主義ないし社会主義と称する非社会主義の意であろう。『ワルシャワの七年』の工藤幸雄はポーランドの社会事象を揶揄したり、皮肉を言ったり、からかったりしながらも、観察者の位置に立っていた。しかし、ここではもう観察者の立場から発言していない。こうした工藤の言葉は一ポーランド人の憂国の言葉のようにさえみえる。同書の「あとがき」に工藤は「全体としてワルシャワに寄せる筆者の思いというより、ワルシャワ自身の語りかけたい思念」を「まがりなりにも伝え」たいと思って、本書を書いたと記している。ワルシャワの思念とは、いわばポーランドの人々の痛切な思念であり、ここで工藤はその代弁をしているのである。

あるいは『ワルシャワの七年』と『ワルシャワ物語』との間の工藤の姿勢の違いには、工藤が七年間のワルシャワ滞在を終えて日本に帰国した後におこったウルスス・ラドム事件が影響しているかもしれない。

まず工藤は次のとおり書いている。

「〈社会主義〉体制の歴史の一断面は、反体制弾圧の歴史であった。だから反体制の側から光を照射するとき、体制の実体はいよいよ明らかになるだろう。社会主義はもともと革命と解放をめざして発想された。だがいま〈社会主義〉には、保守的、抑圧的な性格が指摘される。反体制が衝くのは、まさしくこのような体制を支配する保守主義であり、権威主義である」。

ウルスス・ラドム事件については次のとおり記述されている。

「筆者のワルシャワ滞在中（六七―七四年）には、反体制の動きはあってもそのための組織はほとんどなく、地下出版は存在しなかった。広範な反体制組織の発足は七六年六月末の〈ウルスス・ラドム事件〉後のことである。七〇年十二月の食料品値上げ反対の〈十二月事件〉と同様に、この事件も政府が値上げの方針を発表した直後に起きた。怒った労働者が、国際列車の運行をとめ（ウルスス）、市民をふくむ労働者が地元の党本部に押しかけたり、商店を略奪したり（ラドム）して値上げの撤回を実現させた。その首謀者として逮捕、監禁された百数十人の労働者の救援に立ちあがった作家を中心とする知識人の運動が、反体制組織を確立することになる。これがＫＯＲ《コル》（労働者救済委員会、Komitet Obrony Robotników）であり、同年十月、通称としてこのＫＯＲの呼び名を残しながらＫＳＳ（社会自衛委員会、Komitet Samoobrony Spolecznej “KOR”）と改称された。運動は実って七七年六月の大赦の結果、逮捕の労働者は実刑を免れ、ＫＯＲの勝利となった」。

工藤によれば、ＫＯＲは、編集委員の住所氏名を明記し、発行所、時には印刷所の名も掲げ、〈検閲を受けない出版物〉を公然化して出版しており、会報のある頁には「ＫＯＲを形成する三十一人の名として『灰とダイヤモンド』の長篇作家、アンジェイェフスキから在外の哲学者コワコフスキ、一八八八年生まれの経済学者、リピンスキ（六八年の『マルクスと現代の諸問題』などで七二年に国家賞受賞）らを連ねた最後に、ワルシャワのカトリック司祭の名もある」という。

この文章を工藤は次のように結んでいる。

「これまで反体制出版に対するワルシャワ当局の取り締まりは比較的おだやかに終始している。そのような出方を、モスクワがいつまでも黙過するかどうか。反体制文書にはモスクワが〈反ソ的〉と決めかねない言辞も多いからだ。体制内の〈異議申し立て〉をめぐるポーランドとソ連の当局の考え方のあいだには明らかに相違がある。その相違が表面化するとき、ポーランドの反体制に最初の危機が訪れかねない。検閲の全廃を強行した〈プラハの春〉粉砕がクレムリンで決定されたように」。

『ワルシャワ物語』にみられる工藤の憂国的発言はこうした危機感と無関係ではないだろう。

*

ポーランドにおけるカトリシズムについては『ワルシャワの七年』に次の記載があった。

「ポーランドは、カトリシズムとマルクシズムとが何とかうまく共存している珍しい国です。教会と政府・党とのあいだに、いろいろと摩擦はあったものの、教会は信仰を、政府・党は政治をつかさどるという大原則は、どうやら守られています。こうして政治的教義が、宗教にすり代るというはなはだしい腐敗は、この国ではありえません。毎日のミサや、日曜日の礼拝に教会へ集まる善男善女の数はどうでしょう。統計こそありませんが、党の集会が動員できる党員の数とは比べものにならないはずです。

教会は独自の強権です。修道院が全国に散らばっています。神学校や神学大学もあって未来の司祭が育って行きます。教会経営のカトリック大学も小規模ながらルブリンという街に一校だけあります。洗礼、結婚、葬式——あっと生まれて、うんと口をとざすまで、揺りかごから墓所まで、ある意味で生と死のことは教会の手にあると言えます。

社会主義と呼ばれる国家体制のなかに教会の組織があるのか。それともカトリック信者の国のなかに社会主義の名の政体が根をおろしたのか。ポーランドは、どちらかと言うと、まだまだ当分は後者のように思えてきます。（中略）カトリシズムは彼らの愛国の伝統の基盤だ、とさえ言えます」。

右の記載に私は蒙を啓かれた思いがしたが、ポーランド人の大司教がローマ教皇に選ばれたことも、衝撃的であった。『ワルシャワ物語』から引用する。

「一九七九年、ポーランドはその一千年を超える歴史のなかで最も輝かしい九日間に恵まれ、国をあげてわきかえった。それは厚い暗雲を突きつらぬいて陽光がさんさんと照りわたるかのような日々であった。そのあいだ北国の夏にはめったにない三十度を越す熱暑がつづいたのは、ポーランド国民の熱狂が最高度に達したせいだったかとさえ思われる。言うまでもない、法王ヨハネ・パウロ二世がポーランド各地を訪れた六月二日—十日の九日間のことである。イタリア人に委ねられてきたカトリック教会の最高位、バチカンの教皇に外国人、しかもポーランドの大司教の就任したのが四百五十五年ぶりなら、そもそも教皇の足跡がポーランドの地に印せられるのは教会の歴史においても、ポーランドの歴史においても最初の出来事である」。

ヨハネ・パウロ二世は大司教たちの間でよほど信望高かったにちがいないし、教皇就任後も、もっともカリスマ性の強い教皇として偉大な足跡を残した、と私は記憶している。

工藤はかなり丹念に教皇のポーランド訪問九日間の出来事を記しているが、ここでは六月三日のグニェズノにおける短い、しかし、感動的な演説だけを引用する。教皇は次のとおり語った。

「文化は人間の表現です。それは人間性の肯定にほかなりません。人間がそれを創り出します、そして人間はその文化によって自らを創るのです。精神の――思想の、意志の、心の――内的な努力によって自らを創ります。同時に他の人びとと共同しつつ文化を創り出します……

文化は何よりも民族の共通の富です。ポーランド文化は、ポーランド人の精神生活の拠って立つ富です。それは民族としてのわれわれを際立てます。それは長い歴史をつうじてわれわれを決定づけます。物質的な力以上にそうです。政治的な国境線をさえ上回って、文化にはそれだけの力があるのです」。

まことに格調高く、思弁的であると同時に愛国的な演説だが、ここで若者たちのうたう「ポーランド、いまだ滅びず」の歌声で演説が中断されたという。中断後、歌声の止むのを待って教皇は次のとおり続けた。

「申すまでもなく、ポーランド民族は独立喪失という苦しい試練を経た、それも百年以上に及んだのでした――にもかかわらず、その試練のただなかにあっても変わらず自分でありえた。精神的には独立を保ちえた、それは自分の文化を持っていたゆえです。それだけにとどまらない、分割の時代、その文化をいっそう大きく富ませ、深めました、なぜなら、文化は創造することによってのみ保ちうるものだからです」。

＊

工藤は続いて一九八五年二月『乳牛に鞍』と題し、小さく「ポーランド私見」と副題を付した著書を刊行した。この本の帯に「共産主義はポーランドに似合わない　それは乳牛の背に馬の鞍をのせるようなものだ」という言葉がスターリンのものとして記されている。裏の帯の言葉は「80年夏の「連帯」運動の高まりから、戒厳令強行を経て〈冬の時代〉へと暗転したポーランド現代史の悲劇を『ワルシャワ物語』の著者が痛恨の思いをこめてつづる〈現存社会主義〉批判の書」である。表裏の帯の言葉はまことに正確に同書の内容を示している。工藤はこう書いている。

「戦後のポーランド社会主義は、その生まれるはるか以前からさまざまな歪みを内包していた。文化的には（したがって民衆の心も）西寄り、政治的には（だから当然、体制側は）東寄り、締付けを排除する民心はロシアぎらいでドイツにもなじめない。自由と寛容とカトリック信仰のお国柄にとってソ連式社会主義はどだい無理なのだ。踏襲せざるをえなかったソ連方式の社会主義を、いくらかずつでも手直しさせてきたのは、この国のそのような気質である。

そして今、御用組合を解体させた新生の労組ソリダルノスチ（連帯）が、社会主義の改変を大きく進展させようとしている。闘わない組合に代って生まれた「連帯」が、もとは「自由労組」を仮の名としながら、最終的にはストライキ権を手に「独立自治」の看板で名乗り出たのは象徴的である。なぜなら、ポーランドの国そのものが「独立」と「自治」を長年の悲願としているはずだから」。

「七六年六月、労働者の不満はウルスス、ラドムで再び爆発して七〇年の「十二月事件」の場合と同様、基本食品の値上げを撤回させた。だが、それは経済政策の失敗を党・

政府に反省させる機会とならないまま「ポーランドの夏」の破局を迎える。

五六・七〇・七六年のあと、なぜ三度が三度とも暮らしは楽にならなかったのか、物の出回りが最終的な改善をみなかったのか、体制側にその意志も努力もなかったからではないか。社会主義という名の体制、労働者の党によって労働者のために運営されるはずの体制が労働者に幸せをもたらさないならば、それは名ばかりの社会主義でしかない。われわれはその名に背かない実体を社会主義に与えよう、命を吹きこもう――「連帯」はこうして生まれた。それをつくるために労働者は、八〇年の七月一日から八月三十一日までのストライキを全国各地で闘いぬいた。「連帯」が取り付けたストライキ権は、国民への公約を握りつぶす党・政府に対して警告と抗議をたたきつけるための最大の武器となる」。

『ワルシャワ物語』の立場からさらに一歩、工藤はここでふみだしたかにみえる。明らかにここには「連帯」に寄せる熱い共感と同志的心情が認められる。工藤はいう。

「ポーランド問題は大国対小国の対立の様相をはらんでいるが、同時にそれは、圧殺され続けてきた民主主義が「社会主義」下にも生命を取り戻し、健全な運営を実現しうるかという歴史的な大実験にほかならない」。

「「連帯」の思想の四本柱――民族の伝統、カトリシズム、民主主義、そして「社会主義的な社会思想」（この微妙な表現に注意）――を並べたこの文章は「連帯」の「活動方針」の初めの部分「基本的な諸価値」からの引用である。四本の柱のいずれもが「社会主義体制」以前の価値である点は重要であろう。「連帯」が刷新と言い、再生と呼ぶとき、それは今も体制側が好んで用いる「社会主義的刷新」とは、多かれ少なかれ、内容のことなるもののはずだとみる根拠がここにある。見方によっては「連帯」は復古的かも知れないが、逆に見れば「連帯」は、より広範な価値観のうえに立って、温故知新をはかり「従来のシステム」によってなしえなかった民衆のエネルギーの結集をめざしているのだ。それは党・政府が切り捨てたものの復活であり、捨てられてひっそりした人心に火をともすことを意味する」。

『世界』一九八二年二月号に発表された「「連帯」のこころ」と題する文章が『乳牛に鞍』に収められているが、その冒頭に

「「連帯」のポーランドは終った。ポーランドにおける「連帯」の組織は壊滅した。軍政当局が、どのように真相をおおいかくそうとも、ポーランドは一九八〇年夏以前に逆戻りした」。

と工藤は書いている。本書の前半は「連帯」への共感を、後半は「連帯」が弾圧されて以

後のポーランドを語っている。しかし、現在からみるとさして感興を覚えない。というのは、一九八九年にポーランドに第三共和国が成立し、一九八九年八月の総選挙により、共産党の後身である統一労働者党が惨敗し、連帯の流れをくむ政党の間で連立政権が成立したことを私たちは知っているからである。これもじつはポーランド人民がかちとったというよりも一九八五年のゴルバチョフによるペレストロイカ政策により与えられたものと考えるのはポーランドの民衆に対して失礼であろうか。

＊

この第三共和国の成立前、私は工藤のワルシャワ大学日本語科の前任者米川和夫が翻訳したポーランド詩人の作品を編集した『北の十字架』を刊行した。これは和夫の義母米川丹佳子夫人の依頼によるものであったが、私は工藤に注の作成をお願いしたことをはじめ、多くの教示をうけた。工藤の丹念で行届いた協力なくしてこの詩集は刊行されなかった。

そういえば、工藤は一九五二年六月初版、一九七〇年一月改版の角川文庫版、原口統三の遺著『二十歳のエチュード』についても、じつに精緻な語注を付している。これも工藤でなくてはできない仕事であった。『北の十字架』について教示、協力を仰いだときも、工藤はまったく以前と変らず、飄々として超俗的であった。『ワルシャワ物語』や『乳牛に鞍』の著者とは別人のようであった。

そのうちに、久代夫人が変調を来たし、独居生活に苦労しているといった話や、自転車の前の荷台に買った本をつみすぎて転び、骨折したといった話が、噂として私の耳に入ってきた。

やがて、ポーランド政府がおれに勲章をくれるというんだ、と恥じらいがちな表情で彼が語るのを聞いた記憶があるのだが、それがどういう機会であったかは憶えていない。

そんな状態で、工藤との関係も疎遠になっていた二〇〇八年七月、突然、工藤の訃報に接した。当然のように私は葬儀に赴いた。

驚いたことに、工藤の葬儀には、ポーランド大統領、首相、文化大臣等からワレサ、ワイダに至るまで政府高官からポーランドの代表的知識人の弔辞、弔電が蜿々と続いた。恰もポーランド国葬のようであった。それほどに工藤がポーランドの人々に重んじられ、愛されていたことを知って、私はうれしかった。しかし、同時に、私の知っていた工藤幸雄とは別人の葬儀に列しているのではないか、という感も抑えがたかったのであった。

小竹哲郎

小学校のころの親友といえば、まず小竹哲郎を措いて他にいない。小学校のころに限らず、小竹は、交友が疎遠になった時期もあったが、生涯をつうじてもっとも親しい友人の一人であった。考えてみると、小竹は私の親友だっただけでなく、同級生の信望を一身に集めていたように思われる。私の小学校は大宮北小学校である。入学当時、一年から三年までは、松・竹・梅・菊の各五〇名、各組がほぼ同数の男女の生徒だったが、四年に進んだとき、松・竹の二組は男子生徒だけ、梅・菊の二組は女子生徒だけに組替えさせられた。竹組・菊組の男子生徒だけが四年以後は竹組で同級となり、竹組と菊組の女子生徒だけが菊組で同級となった。小竹と私とは一年から六年まで同じ竹組であった。「新宿のマレンコフ」と後によばれた流しの名手は四年生以後の三年間の同級生であった。

やはり一年から六年までの同級生に頼母木桂一がいた。彼の祖父は頼母木桂吉といい、民政党の代議士であり、私たちの小学校在学中に逓信大臣となり、その後は東京市長をつとめた。大宮の市街地から見沼田圃をはさんで遠く離れた丘の上に広大な別荘を構え、数千の盆栽をおかかえの専門家が世話をしていた。母家の他に、桂一とその妹のための離れ、稀に訪れる祖父母の泊る堅牢で落着いた建物があり、そうした建物の前に池をふくむ庭園がひろがっていた。四年になって以後、担任は鈴木秀吉先生となった。先生は私を中村と呼ばず、稔、と名で呼んだ。三歳年長の兄の担任でもあったが、兄も、豊、と名で呼ばれていた。稔と頼母木は大学まで進学するのだから、と言って、何かと二人を特別に扱った。父が裁判官であったという家庭環境もあり、兄も私も担任から格別に目をかけられていた。そのためか、私は同級生から、けむたがられていたらしい。そのことに私は気付いていなかったが、これは私が他人の思惑に関心をもたない性分のせいかもしれない。頼母木はその育ちをひけらかすような態度はつゆほども見せることなく、ごく普通の生徒として私たちに接していたのだが、私たちから特別な眼で見られることは避けられなかった。

私が一学期、頼母木が二学期、小竹が三学期の級長だったが、これは担任の決めたことだった。おそらく小竹はいつも同級生中三番の成績だったのであろう。あるいは一番または二番だったのかもしれない。彼はそれほどに頭脳明晰であった。

そのことと彼に信望があったことは別のことである。彼は成績の良し悪しに関係なく、貧富にも関係なく、同級生の誰も分けへだてをしなかった。決して模範生ではなかった。悪戯をするときは率先して悪戯をした。私自身その犠牲になったことは以前回想したことがある。それは頼母木の別荘で数人が遊んでいたときの出来事であった。池の向こう側から家屋の側へ、数人がくるぶしのあたりまで濡らしながら、すたすたと池を渡って、どうした具合だったのか、池の向こう側に、残っていた私一人に早く渡ってこい、という。何の気なしに私が池を渡ると、思いがけぬ深みがあって、腰の上までつかってしまった。頼母木は深みのある位置を正確に知っていたから、彼らは皆、深みをよけて、渡ったのだが、私にだけ深みを数えてくれなかったのであった。私は下半身ずぶ濡れになって家に帰った。私はそれがたくらんだ悪ふざけだとは思っていなかった。私が不運だったと思いこんでいたのだが、後年、小竹に訊ねたところ、稔さんが小憎らしいから、仕組んだんだ、と告白した。そんな悪戯にも彼は協調した。そうした協調性に加え、信義に篤く、面倒見が良かった。頭の良さに加え、そんな性格のために、おのずから彼に信望が集まったのであろう。

＊

銀座通りとよぶ商店街のある町は田舎町だという。京都にも大阪にも仙台や金沢その他の都市らしい都市には銀座通りはない。大宮には昔から銀座通りがあり、大宮駅前通りから左に曲って旧中仙道と平行に延びる通りを銀座通りとよんでいたが、戦後は南銀座通りの略である南銀《なんぎん》が卑猥、殷賑、乱雑な人出を集めている。南銀は駅前通りを右に曲った通りであり、南銀座通りとして戦後に発展した地区である。戦前からの銀座通りを越えると平和通りとよぶ五〇〇メートルほどの細い道路がある。戦前は平林寺横丁とよんでいた通りであり、わが家は私が小学校三年のころまでこの平林寺横丁に面していた。平林寺横丁は西側に二〇〇メートルほどの間隔をおいて高崎線、東北本線などの鉄道線路と並行し、東側に四〇〇メートルほどの間隔をおいて旧中仙道と並行している。平林寺横丁には魚屋、駄菓子屋、煎餅屋、ラジオ屋、理髪店など小規模な商店が軒をつらねていたが、その西裏側の鉄道線路との間は、工機部とよんでいた鉄道工場、機関区、保線区、駅などの鉄道に勤める人々の住む棟割り長屋や小さな戸建て住宅が占めていた。その東側を私たちは新地と呼んでいた。会社員などの住宅も混在していたが、二、三〇軒の娼家が集まっていた。

私は平林寺横丁から新地を通って小学校に往復した。かつては娼家が大宮の町の其処彼処に散在していたのを、当時の新開地であった新地に集めたのだと聞いている。若い娼婦が片肌脱いだ、しどけない恰好で、横坐りしているのを脇目に見ながら、私は毎日、通学していた。日曜日に、大人に連れられて新地を通ることもあった。すると、

「ちょっと、そこのいい男、遊んでらっしゃいよ」

といった声がかかるのがつねであった。

小竹哲郎の生家はそういう娼家の一であった。小竹の父君は小竹釘治といって、大宮の町会議員を何期にもわたってつとめていた。選挙に出馬し、何期も当選したのであった。それだけ人望があったのであろう。公娼制の下では、娼家の主人であることは、そうした公職に立候補し、当選するための妨げとはならなかったようである。

公娼制度の下では営業は許可制であり、娼婦は定期的に性病の検診をうけなければならない。窮乏した東北地方の農家の娘を女衒《ぜげん》をつうじて雇入れ、売春に従事させる。娼婦は親元の農家がうけとった金額を返済するために売春という職業に従事するのだから、借金に相当する稼ぎをすれば、また、年季奉公であれば年季が明ければ、自由になるはずだが、売春している間の衣裳代、化粧代等がかさんでなかなか自由になれないのが実情と聞いた

ことがある。これは娼家の主人がどれほど因業であるかによるかもしれない。つけ加えておけば、娼婦たちを新地に縛りつける堀とか塀とか、そういった仕組みはまるでなかった。彼女たちは、その気になれば、何時でも娼家からぬけだすことができた。逃げだしても、見つかれば連れ戻されるにちがいないから、本質的に自由だったわけではないが、江戸時代の遊郭とは、そういう点では、違っていた。

娼家に育ったことが小竹哲郎の性格形成にどのような影響を与えたか、私には分からない。一九五七年四月、売春防止法により、このような営業は禁止され、新地の娼家はみな廃業した。新地の一部には、風俗営業という、言葉から何を業としているか理解できない商売を営んでいる店が存在している。そのため、この地域には足をふみ入れたくないようないかがわしさ、淫靡さが残っている。

ちなみに、小竹が家業を継がなかったことはいうまでもないが、小竹の妹は彼らが育った家屋を使って歯科医を営んでおり、姉は同業であった家の長男と結婚し、小学校三年のときにわが家が転居した宮町の家の近くで、カメラ店兼写真業を営んでいる。

＊

小竹哲郎は大宮北小から浦和中学に進学した。浦和中学は埼玉で随一の進学校だから、入学はかなり難しい。小竹が合格したのは、担任の先生の教育熱心によるところが多かったにちがいないが、彼が秀才だったことの証明でもあるだろう。

中学時代、私は東京の府立五中（後の都立五中、現在の小石川中等教育学校の前身）に進学したので、小竹との交際はまったく途絶えていた。彼は浦和中学から立教大学に進学した。彼の頭の良さからみれば、早稲田でも慶應でも、旧制高校でもどこでも合格できたはずだが、そのための受験勉強に集中する熱意に欠けていた。いわば、彼は怠けていた。立教大学で何学部、何学科を学習したのか、私は聞いていない。ただ、英語だけは、その初歩の読み書き、話すことを身につけたようである。

立教大学を卒業しても彼には就職先がなかった。毎日、無為に日々を過していた。

私は一九五二（昭和二七）年に司法修習生の課程を修了し、弁護士登録した。中松潤之助先生の事務所に就職は決まっていたが、戦前、先生が事務所を構えていた三菱二十一号館が占領軍に接収されていたので、大森の新井宿（現在は大田区中央）の自宅を事務所とし、一〇名足らずの人々が働いていた。サンフランシスコ講和条約も調印、発効したので、間もなく三菱二十一号館も接収解除されるだろうから、その後に勤めはじめたらいい、と私は中松先生に言われた。勤めていなければまったく収入はないので、小遣いにも困った。そこで私は、中松先生にお願いして、その年の九月ころから勤めはじめたのだが、その間、私は何もすることなく、日々を過していた。小竹と同じ境遇であった。ただ、私のばあい、就職先は決まっていたが、小竹は就職先も決まっていなかった。それには娼家という家業が影響したのではないか、といまになってふりかえって考えると、思われるのだが、私は立教大学でも学業を怠けていただろう、せっかくすぐれた頭脳をもちながら、もったいないことだ、といったほどのことしか思いついていなかった。

二人ともぶらぶらと無為に日々を過していることを知り、誘いあって、パチンコ屋に通うようになった。

私たちには馴染みのパチンコ屋が旧中仙道通りにあった。よほどのことがなければ、私たちは必ずその店に通った。それというのも、その店へ行くと、きまって小竹は大いに稼いだ。どういうわけか、小竹が前にしたパチンコ台からは威勢よく玉がじゃらじゃら出るのであった。そのころのパチンコ台だから、自動式でなく、一回ずつバネを弾くのだが、小竹は弾き方がよほど上手なのか、ほとんどがあたりの穴に玉が入り、外れてしまうことは滅多になかった。遊び終えて景品引換に行くと、パチンコ台の並んだ奥から、愛くるしい楚々とした少女が現れ、今日もよく出ましたね、と小竹に話しかけた。やがて、小竹とその少女とは頻繁に会話するようになった。そのころになって私は、少女が小竹が立つパチンコ台の裏側からパチンコ台を操作しているのではないか、と疑うようになった。

少女は小竹が好きになっていた。それまで私は気付いていなかったが、小竹は、中背だが、顔立ちがととのっていた。二枚目ではなかったが、野性的で精気にあふれていた。一種の美男子にちがいなかった。少女が磁石か何かを使って、小竹の弾いた玉をあたりの穴に誘導していたのかもしれない。少女は店の主人の娘であった。だからこそ、そんな操作をして、店に損害を与えることも気にしなかったのであろう。

やがて彼らは結婚した。二人の男子に恵まれ、二人とも歯科医になった。彼らの学業については、未婚に終った小竹の妹が援助したという噂を聞いたことがあるが、確かではない。小竹と結婚した彼女は、まず彼の男前に、容貌、風采に惚れこんだのであった。結婚してから彼女はあらためて小竹の分けへだてのない、面倒見の良い人柄を知って惚れなおし、しまいに彼の頭の良さを思い知らされることとなって、また彼への愛情をふかくしたという。小竹の側からいえば、幼少のころから娼婦たちを見なれていたせいか、若干女嫌いだったのかもしれない。あるいは女性に対する警戒心がつよかったのかもしれない。小竹が女性関係の浮名を流したことはなかった。二〇〇九年四月一二日、八二歳で死去するまで、彼女と添いとげた。彼女は耳は遠くなったが、いまだに健在である。

*

結婚と就職と、どちらが先だったのか憶えていない。小竹は家業を継ぐつもりはなかったし、前述のとおり、姉はカメラ商兼写真を業とする方と結婚し、妹は歯科医になることが決まっていたから、売春防止法が施行される以前から、廃業が決まっていたようである。

私の兄の親友に信木三郎さんという方がいた。『忘れられぬ人々』の信木さんの章で記したことだが、兄と信木さんは誠之小学校六年生のときの同級生であり、東京高校高等科でまた同学年となった。兄は理科、信木さんは文科だったが、二人とも野球部に属し、兄は速球は速いが制球力のない投手、信木さんは捕手であった。

小竹が就職が決まらず困っていたころ、信木さんはタトル商会という洋書輸入店の役員になっていた。兄が信木さんに頼み、信木さんの口利きで、小竹は幸いタトル商会に採用された。

小竹が配属されたのは、米軍基地内のタトル商会の洋書販売店であった。米軍基地内の販売店だから、もちろん書籍・雑誌類を購入するのは米軍の軍人やその家族である。タトル商会は全国各地の米軍基地内に販売店をもっていた。基地内の書籍販売についてタトル商会が独占的な権利を与えられていたのは総司令部と特別な縁故があったのであろう。

小竹はこうした米軍基地内の書籍販売店に配属された。彼に与えられた職務とは、わりきっていえば店番にすぎない。購入者があれば代金をうけとってレジスターにうちこみ、所望の書籍や雑誌を買主に渡す、というだけの単純労働にすぎない。どういう書籍・雑誌をおくかは、タトル商会の本社が決定し、送りつけていた。

信木さんが週に一度か、隔週に一度、見廻りに来た。そして、ちょこちょこと三、四〇分、本を並びかえるんだよ、するとね、五割近く売上が上るんだ、まるで魔法を見ているみたいだ、と小竹が話してくれたことがあった。そこで、機会があって信木さんに訊ねると、いや本の寸法に合わせて並びかえるだけなんだ、と言って笑った。

これは信木さんの嘘であり、自慢になるのをはばかった冗談である。信木さんは『スターズ・アンド・ストライプス』という米軍の機関紙や『タイム』とか『ライフ』といったアメリカの雑誌に目を通し、どんな本が評判になっているか、始終注意していた。書評欄をつぶさに読んでいたわけではあるまい。話題になっているかを知っていれば、そうした本をもっとも目立つ場所におく、といった方法をつみかさねて、信木さんの配置の方法が決まり、それによって売上増をもたらしたのであろう。気の利いた書店員なら誰もがすることである。洋書だからといって違いがあるわけではない。英文の読解力が若干必要になるというだけのことである。

だから、その気になれば、小竹も信木さんと同様、アメリカの新聞、雑誌にざっと目を通し、話題になっている本を選びだし、売場の本の並べ方を一新し、売上を増し、上司にその能力を評価させることも容易だったはずである。その程度の英語の読解力を小竹はもっていたし、理解力も高かった。しかし、彼はその能力を使い惜しみする傾向がつよかった。むしろ怠けていることを好んだのであった。こうした性分はそうたやすく変えることができない。

＊

記憶がはっきりしないのだが、小竹はまた、兄の家の麻雀の常連であったように思われる。後に東大法学部で国際法を講じた寺沢一さん、三井信託に勤めていた嶽山幸一さん、成瀬証券に勤めていた小林昭さん、旧制一高から東大理学部物理学科を卒業しながら毎日新聞でスポーツ記者をしていた高原誠一さんなど、それに私もまじって、土曜の夜など午前一時、二時まで麻雀にうちこんでいた。寺沢一さんが学者として業績らしい業績を遺さなかったのは麻雀のためではないか、と私は疑っているが、彼は麻雀についても激しやすかった。私にとっては、彼が旧制浦和高校に合格したとき、彼が使った参考書をどんと一山、私の受験勉強に役立つだろうといって届けてくれたことがあるほどに、親切な人であったが、麻雀の仲間としてはつきあいにくかった。

もし常連だったとしても、いつ小竹もそういう麻雀仲間の常連の一人となったのか私の記憶は覚束ない。特に強かったという記憶もないし、特に上手であったという記憶もない。他人に迷惑をかけることのない、こまやかな気遣いの持主だったから、彼はいつも歓迎された。彼は年長の男性からも愛される性格をもっていた。

小竹が兄の家の麻雀の常連ではなかったかということに私がこだわるのは、そう長い期間ではなかったかもしれないが、兄と小竹がずいぶん親しい関係をもった時期があったと憶えているからである。それも、もっぱら熊谷に近い妻沼の聖天院境内のすし屋にいなりずしを買いに行くとかいった些細な買物のために、小竹の自動車を頼み、小竹に運転して連れていってもらう、といった類の事柄であった。いわば近郊近在のドライブに小竹を利用し、小竹の運転する自動車を使ったのであった。兄もそれ相当のお礼をしたかもしれないが、小竹の頼まれれば嫌といえない性分に兄がつけこんでいたのかもしれない。遠くは、軽井沢千ヶ滝の兄の別荘への往復に小竹を頼んだこともあるかもしれない。たしか小竹はフォルクスワーゲンを愛用していたし、ドライブ好きであったことも確かである。とはいえ、私はそんな用件に小竹を利用する兄を苦々しく感じ、小竹の人の好さに呆れていた。ただ、そんな時期も一〇年とは続かなかったはずである。

*

日本本土の米軍基地は徐々に返還され、縮小された。そのため、タトル商会の売店も次々に閉鎖され、小竹は水道橋駅の近くにあった本社に勤めることになった。相変らず勤勉な社員ではなかったはずである。

彼が生き甲斐を見いだしたのは出版労協であった。彼は組合活動に熱心であった。そうはいっても、労使交渉の場で烈しく論争したり、組合の大会などの会合で威勢のいいアジテーション演説をうったとは思われない。

私の府立五中の同級生に今井君という人がいる。小柄で穏和で、口数も少なく、目立たない人であった。卒業後、級会の集まりがあっても、隅の席にひっそり腰を下ろし、ほとんど発言するのを見たことがなかった。彼は東販か日販か、どちらか、大手の取次店に勤務していた。

あるとき、小竹と話をしていたとき、たまたま出版労協が話題になったことがあった。小竹から、今井さんって人は同級じゃないの、と訊ねられた。そうだけど、どうかしたの、と聞きかえすと、小竹が答えて言うには、今井さんは激越な闘士でね、すさまじく烈しいスピーチをするのだ、と教えてくれた。

ちなみに今井君は私たちの担任だった関口孝三先生の女婿である。担任に見込まれるほどの模範生であった。彼が組合運動の活動家であるとは、私には想像もできなかった。戦後の労働組合運動は退潮の気配が濃くなっていたが、その名残りだったのかもしれない。

その後、級会で今井君に会ったとき、出版労組の小竹を知ってる?と聞いたところ、彼は恥じらうような口調で、小竹さんにはずいぶんご厄介をおかけしました、と言った。小竹は出版労組の活動に情熱を注いだのだが、表面に立って喧しい論争をするより、組合の人々の面倒を見、厄介な事柄がおこると、その後始末をする、といった地味な仕事に努めていたのであろう。そのころは信木さんは講談社の野間清治社長に見込まれて、講談社インターナショナルの常務取締役となり、日本文学の翻訳出版にうちこんでいた。

*

わが家は、大宮駅から岩槻、春日部、野田などを経て船橋に達する東武野田線の、始発駅である大宮駅のすぐ次の北大宮駅から徒歩三、四分の距離にある。わが家は駅の東側だが、小竹の家は西側、徒歩一〇分ほどの距離に位置していた。たがいに出勤時間も退社時間も違うから、滅多に会うことはなかったが、稀に出会うことがあった。たがいに五〇歳前後だったはずである。見ると、小竹が鼻下に髭を生やしていた。漆黒で見事であった。彼の風采が一段と上ったように見えた。いつ生やすことにしたの、似合うじゃないか、と話しかけると、小竹は照れくさそうに、いや、髭を生やすと手入れに二〇分もかかるんだ、だけど女房が勧めるんでね、と言った。すでに記したとおり、彼はいくぶん野性的な魅力のある容貌の持主であった。私など髭を剃るのに数分しかかからない。たしかに鼻下に美髭をたくわえるのはきちんと寸法をそろえるために大変な労力を必要とするから、毎朝、私からみれば余計な時間を浪費することになる。髭などたくわえなくても男前の容貌なのだから、そんな時間の浪費はもったいないとしか、私には思われないのだが、なまじ男前に生まれると、いっそう魅力的な容貌にしたい、といった気持が湧くのかもしれない。かつて私の同僚だった武田正彦弁護士は、初対面の人がはっと目を瞠るほど美青年だったが、中年になって髭をたくわえた。肝膿瘍という珍しい感染症から私の一命をとりとめてくださったさいたま市民医療センターの新坂《しんさか》博英《ひろひで》医師も優男で顔立ちのととのった方だが、私の入院中から髭をたくわえるようになった。手入れの時間を考えると、そんな髭を大事になさらなくても充分容姿に恵まれておいでになるのだから、ご無要ではありませんか、と申し上げたくなるのだが、人それぞれの好みだから、そんな無駄口は言わないことにしている。

もっとも私が見て、決して容貌にすぐれているとは思われない人の中にも髭をたくわえている人がいる。そういう人を見ると、ご本人は自分の容貌がすぐれていると自惚れているにちがいない、と私はかんぐっている。

小竹の髭もやがて白髪がまじるようになった。そうなると、彼はどうしたか。そのころには小竹は髭を剃り落としたように思うのだが、私の記憶ははっきりしない。偶然の機会に出会う以外、私も小竹もたがいに会わなければならない用件がなかったためである。

＊

そういう偶然に恵まれて、北大宮駅で小竹と出会ったことがあった。タトル商会は定年退職していた。しかし、出版労組の事務所には始終顔を出していたようである。本を出したので、忙しくて仕方がないんだ、と半ばうれしそうに、半ばは心底困りはてているような表情で、話していた。

毎日毎日注文が来るんだよ、その注文に応じて本を送らなければならない、一方で代金が送られてくる、これがじつにさまざまなんだ、指定している銀行口座に振込んでくれればいいんだけど、現金封筒で送ってくるのもいれば、小切手で送ってくるのもいるし、その始末も大変なんだ、と嘆いていた。

どうしてそんなことをしているのか、と訊ねたところ、出版労組で本を出版した、その本が莫迦に評判になって、売れに売れてるんだけど、そんな事務をきちんと始末できる人間が出版労組にはいないんだ、結局ぼくが背負いこんじまったんだ、と言う。

小竹の話を私が充分に理解できたわけではないし、正確に記憶しているわけでもない。たしか、主題は、定年後どう生きるか、といったことで、出版労組の人々がさまざまのアイデアをもちより、面白そうなテーマを集めて、面白可笑しい文章にした。出版労組だから、どの出版社から出版するのも差支えるので、自前で出版することにした。新聞の読書欄に採りあげてもらっても売れるわけではないから、家庭欄とか社会面とか、定年後で時間をもてあましている人の扱いに困っているその配偶者などが目にとめるような場所に、こんな本が出た、一読すると定年後の生活のヒントが得られますよ、といった記事を掲載してもらった。そういう手配は得意なのだ。そんな記事が新聞その他各種のメディアに出たから、爆発的に評判となって、注文の山となった。

事情は、想像をまじえて私が記憶する限り、そんなことなのだが、小竹の喋ってくれたような面倒な仕事を無償奉仕してくれる人がおいそれと見つかるはずもない。そこで貧乏くじを引いたのが小竹であった。

そんな始末の重圧にたえ、閉口しながらも、売行の良さに微笑を浮かべている、小竹哲郎とはそういう人物であった。

小竹を思いだすことは稀だが、思いだすと懐しさがこみあげてきて、たまらなくなる。

松下康雄

二〇一八年八月、松下康雄の訃報が各紙に掲載された。家族が密葬をすませたことにあわせて、お別れ会も催されない、と報じられていた。たしか数年前に弘子夫人が亡くなったと聞いた記憶がある。一人娘のお嬢さんは、旧制一高で松下や私と同級で、松下と同じく大蔵省に入省した貝塚敬次郎の子息で、やはり大蔵官僚となっている方と結婚し、松下と同居していると聞いている。松下ほどの経歴をもつ人物の死にさいしてお別れの会も催されないのは寂しい限りだが、たぶん友人知己はみな先立っており、生存している後輩たちが義理で集まるお別れ会も望ましいことではあるまい、と私なりに納得した。じっさい、旧制一高に入学した当時の同級生で生きながらえている者はほとんど思いあたらない。私はまったく例外といってよい。松下は秀才中の秀才だったし、それにふさわしい顕職を歴任したが、そうした地位や役職を鼻にかけることのない、謙虚な人柄であった。その人柄を思いだすと寂しさがつのる。

私は松下と同級であったが、じつは彼は前年四月に入学していた。私は都立五中の四年修了のときに受験し、不合格となったが、彼は神戸一中の四年修了時に受験して、合格し入学していた。ただ、肺尖カタルかを患ったため、一年休学し、私と同級となったのであった。四年修了で一高に合格し、入学してくる生徒は当然頭脳明晰な秀才が多かったが、松下は中でも一きわ冴えていたように思われる。四年修了時に受験した動機について、私は彼からこんな話を聞いた憶えがある。

「神戸一中はひどく軍国主義的でね、登校のときも、軍隊みたいに、整列行進することになっていたし、昼休みに弁当を食べるのも、教室で食べるのは惰弱だといって、校庭で一斉に立ったまま食べなければならないんだ、こんな学校からはできるだけ早くぬけだしたいと思っていたんだ」。

他の中学との思い違いではないはずである。彼は四年修了で合格したことを恥じるかのように、そんな話をして私たちをはぐらかしていた。元来が穏やかな人柄だったたし、そんな態度だったから、当然のことだが人望があった。後に日本航空の専務取締役となり御巣鷹山の事故で辞職した橋爪孝之は、当時堀越孝之といったが、私たちと同級、同年齢のはずだが、敗戦後、松下をかついでドイツ文化研究会というサークルを組織し、日夜、松下と寝食を共にして、松下から学べるだけ学ぼうと心がけたと聞いている。

この話には前段がある。敗戦後、間もなく社会科学研究会を創立するから参加希望者をつのる、といったビラが貼られていた。松下は社会科学に興味をもち、マックス・ウェーバーを勉強したいと考えていた。ところが、社会科学研究会を呼びかけた上田耕一郎やその仲間たちは『資本論』やマルクス主義を勉強するつもりであった。それじゃ、ぼくの希望に沿えない、と松下は入会申込をとり止めることにした。上田は上田で、マックス・ウェーバーなど研究したいのがいるのか、と世の中のひろいことに驚いたという。そういえば、ずいぶん後のことだが、小柴昌俊がノーベル賞を受賞する以前、一九九七年に藤原賞を受賞したとき、比較的ささやかなお祝いの会があった。その席で、小柴を囲んで、上田と私と、それにどうしてか松下康雄が席をはずしていて、そのかわりに松下弘子夫人が加わり、四人でしばらく歓談したことがあった。四人が四人、思想的立場も、専門分野も、何もかもまったく違うのに、数十年ぶりに出会っても、こだわりなく歓談できるような友情を、一高の寄宿寮ははぐくむ場であった。

一高では学期末の試験の後、成績の順位が一覧表に記され、玄関ホールに貼り出された。私たちは番付とよんでいたが、私の記憶では松下と中野徹雄がいつも一番を争っていた。これは私が国文学会で中野と起居を共にしていたので、思い違いしているかもしれない。松下が一番ということがずっと多かったのではないか、という疑問を私自身ももっている。

しかし、松下康雄と中野徹雄とが拮抗する秀才であったことは、同級生の誰もが認めるはずである。二人とも頭脳明晰、語学力にすぐれ、記憶力も抜群、弁舌も爽やかであった。とはいえ、語学力についていえば、松下は英語はもちろん、ドイツ語もよくできたが、フランス語も一高在学当時から習得していたのではないか。松下はマックス・ウェーバーのような社会性をもつ学問に関心がふかく、中野はヘーゲルなどの形而上学的思弁力に関して、松下よりはるかにすぐれていた。中野には権力志向があった。松下にも権力志向がなかったとは思わないが、それが中野のようにギラギラあらわれることはなかった。

それに二人とも美青年だった。そのころ刊行されていた最初の『萩原朔太郎全集』に若いころの萩原朔太郎の写真が掲載されていた。その写真を見ると私はいつも松下に似ている、と思った。彼はいわば都会的な優男《やさおとこ》タイプの美青年であった。中野は男性的だが、どこか人をとろかすような甘さが漂っていた。シャルル・ボワイエの映画を見ると、私はよく中野徹雄を思いだした。二人とも多くの若い女性たちにちやほやされたにちがいないが、これといった艶聞は知らない。

おそらく、こうして二人とも誰からも敬慕される秀才として一高時代を過したのだが、東大に進んで、二人ともにかなり経済的に苦労したようである。神戸はいうまでもなく、地方出身の学生たちは、裕福な肉親から充分な仕送りがあれば格別、そうでなければ、下宿代から学費に至るまで、自分で稼ぎださなければならなかった。私は松下がどういう境遇であったか知らない。何となく、松下も苦労している、といった風評を耳にしたような憶えがある。私たちと一高で同級であった渡辺喜一は大学二年のとき上級公務員試験を受験、二番か三番の好成績であったと聞いている。渡辺も大蔵省に入り、財務官まで昇進したが、松下について上級公務員試験の成績を耳にしたことはない。大蔵省に入省したのだから、決して悪い成績ではなかったのだろうが、目立つほどの成績ではなかったにちがいない。そのことから私は松下も大学時代は生活に追われていたのだろうと想像している。

中野のばあい早く父君が死去し、ずいぶん苦労したらしい。そう想像しているだけで、中野がどのような生活を送っていたかは、私にとって闇の中、謎が多い。ともかく、中野も上級公務員試験に合格し、厚生省に入省した。戦前は大蔵省と並んで内務省が幅をきかせていたが、戦後、内務省は解体、廃止され、厚生省、建設省などができた。私の同級生では大蔵省に松下はじめ八、九人、厚生省に中野をはじめ四、五人が入省している。厚生省はそれなりに魅力のある官庁だったのであろう。

＊

ここでいわゆる竹山パーティにふれたい。竹山パーティのホステスは竹山千代夫人であった。私たちの一高の担任だった竹山道雄教授の弟が当時建設省の建築研究所の所長であった竹山謙三郎氏であり、千代夫人は謙三郎氏の妻であった。網代毅の『旧制一高と雑誌「世代」の青春』が雑誌『エル・ジャポン』の「女たちのベル・エポック」シリーズで紹介された千代夫人の談話を引用しているので、以下に孫引きする。当初は文化放送のモニターとして感想等を送っていたが、その実績により一九五二年から同放送の婦人番組編成にあたることになった、という。

「とにかくNHKとは違うものがやりたかった。……で、文学から歴史、経済まで専門の先生に講演していただく番組を作りました。その一方で、働く女性たちの体験談を集めた番組も企画しました。戦前とは女性の置かれた環境が激変したわけですからね。そりゃもう女も社会性を身につけて一日でも早く日本を復興させるんだって必死でしたの」。

網代は、この番組に対する聴取者の反響の大きかったこと、竹山千代夫人が五四年には英国政府に招かれ、一カ月英国事情を実地に研修する「メンバーの一人に選ばれた」と記している。

「英国に行って一番驚いたのは、あたくしがやっているような教養番組がなかったこと。娯楽番組がほとんどなの。……この時思ったの。日本の女の人は真剣なんだ、真面目にこれからの社会のことを考えているんだって。これは将来、日本ってすごい国になるかもしれないって思いましたよ」。

千代夫人の父君は日魯漁業の社長であり、ご自身は「お茶の水高女出身で、洋服の制服を着た第一期生だといわれる〝美人のうえにオシャレ〟」だったと書かれている。網代のいう「お茶の水高女」はお茶の水女高師の誤りではないか。

文化放送は元来聖パウロ修道会が設立したものであり、そうした教養番組中心の編成をしたのも同修道会の意向に沿うものであったにちがいない。そうかといって、特にカトリック臭あるいはキリスト教的色彩が番組にあらわれることはなかった。

おそらく松下康雄の推薦だったろうと思われるが、一度だけ、私も竹山千代女史にお目にかかり、依頼されて現代詩について文化放送で短い講演をしたことがある。

ついでながら、この教養番組偏重による低視聴率をはじめ、いくつかの理由があって、文化放送は現在は格別の特徴のない一民間ラジオ放送局となったが、聖パウロ修道会は現在も文化放送の筆頭株主だそうである。

このラジオ放送が縁となって、私も竹山謙三郎邸で催しているパーティに出席するようお誘いをうけた。網代は「千代氏はチェンバロなどの楽器にも親しみ、声楽はドイツ人の専門家に学んだというだけあって、深窓の女性の藝事というような域のものではなかった」と記している。

パーティに招かれている男性はたぶん竹山道雄教授が送りこんだ一高の卒業生であり、網代は「森清武、松下康雄、中野徹雄、それに私」という名をあげている。森清武は国文学会で私たちより一学年先輩であり、後に三菱地所に勤めた。私がただ一回だけ参加したときは、松下も中野も網代も出席していなかった。私の知人では、私たちと同じく一九四四年に一高に入学した大森健一が参加していた。大森は痩せぎす、長身、細面の美青年であった。外交官となって外務省に勤め、条約局長のときに体調を崩して、しばらく休職した。条約局長といえば国際的な条約等法律的とりきめのすべてをとりしきる部局だから、外務省では出世コースの一段階である。たとえば栗山茂、下田健三等、条約局長を勤めあげた上で、次官とか駐米大使等を勤めた方々が多い。その職務で体調を崩したことは国会でのいじめに似た質問のためであろう。大森は外務省に復帰したもののニュージーランド大使で終った。充分に出世したとみてもよいのだが、条約局長として職務を全うしていれば、もっと要職に就いたはずだと私は考えている。

女性たちは東京の上流家庭のお嬢さんたちのようにみえた。網代は彼の著書にこのパーティで安川加寿子、原智恵子、巌本真理など著名な方々の演奏があったように記しているが、私が出向いた日はそうした催しはなかった。主として社交ダンスであり、その間に談笑する、といったかたちであった。私は不器用だから、社交ダンスができない。網代の著書に「ダンス・ブームは戦後の貧乏時代に早々とわき起り、たちまち燎原の火のごとく全国津々浦々に広まって行った」とあり、「「世代」の仲間にも社交ダンスにふけった人は少くない。なかでも遠藤麟一朗がダンスの名手だったという伝説（?）がある」と記し、佐々克明が、「あのころ野火のように燃えさかっていた社交ダンスの同好者」として、佐々が遠藤を知ったこと、青年文化協会、略称BBKという社交団体があって定期的に学生中心のダンス・パーティを催していた、と回想していることを記し、次のとおり書いている。
「私は遠藤とは、社交ダンスの草わけともいわれる武蔵野ホールなどで、後年ともに時を過したが、ダンスを始めたのはべつべつだった。はじめに私を指導してくれたのは上野音楽学校の女生徒で、まだ一高時代のことだった。大学に入ってからこれが病みつきとなり、やがて学校に行くのはダンス仲間と落ちあうためという怠惰な生活へと続いて行ったが、その頃の悪友は、陸軍士官学校から一高編入試験に合格し、後に俳優となった平田昭彦らである」。

私はそのころの網代とまったく交際がたえていたし、彼がそれほど社交ダンスに熱中していた時期のあったことも、彼の著書ではじめて知ったのであった。

竹山パーティに戻ると、美智子上皇后、当時の正田美智子さんも竹山パーティに参加しておいでになったことから、竹山パーティが一時話題になったことを憶えている。私のまったくの想像だが、竹山謙三郎・千代夫妻が竹山道雄教授が送りこむ一高出身の俊才たちと良家の子女との出会いの機会をつくることが竹山パーティの開催の動機だったのではないか。松下康雄が千代夫人の姪にあたる弘子夫人と知り合い、結婚することになったのも竹山パーティが契機だったにちがいない。その他、どんな良縁が成立したか、私は知らないが、意外な結びつきもあったのかもしれない。

その竹山パーティに出席したものの、私は社交ダンスもできないし、話し相手もいないし、場違いな場所に迷いこんでしまったという悔いをふかく心に刻んでいた。いうまでもないが、私は竹山パーティに二度と顔出ししていない。

松下康雄がこうして弘子夫人と結婚したことを記せば足りたのだが、当時の世情の一端を記したまでのことである。

＊

大蔵省に入省した松下康雄はすぐその俊才を認められ、順調に出世街道を歩いていったらしい。私たちと同じころに一高を卒業した仲間が虎の会という催しを一年に二、三回開いていた。虎の門周辺の官庁、つまり大蔵省とか通産省に勤めていた同窓の懇親会としてはじまったようだが、世話役が私と同業の弁護士平本祐二であった。平本は世話見が良かったので、丸の内に事務所をもつ私にまで声をかけてくる、といった状態で、虎の門の周辺に勤務しない同窓も多く集まるようになっていった。ちなみに中野徹雄が虎の会に出席したことはないはずである。

虎の会では松下の周囲に多数群がるのがつねであった。松下と親しくなっておくことが銀行、商社あるいはメーカーなどに勤める者たちにとっても、魅力的だったらしい。大蔵次官に昇進するにちがいないと思われていた松下にはおのずから権力の甘い匂いが漂っていたのかもしれない。そういう打算的なことでなく、たんに松下に信望があり、同窓の多くを惹きつけていたということかもしれない。私が松下に嫉妬していたとは思わないが、松下だけがちやほやされることが私には不愉快だった。周囲の人々が打算的に見えていたからである。松下は、といえば、誰のご機嫌をとるでもなく、誰とも同じように、穏かに会話していた。権威、権力の素振りをちらとも見せることはなかった。

たぶん、そうした会合で聞いた噂を二つ記しておきたい。

一つは大臣秘書官か何か、そういった立場で中南米のどこかの国へ出張したときのことである。出張が決まると松下は『スペイン語四週間』とか『ポルトガル語四週間』とかいった本を買い、現地に出かける前の一月足らずの期間でポルトガル語かスペイン語を完全に習得し、現地で日常会話を駆使し、大臣にも大いに重宝がられ、彼自身も現地に滞在していた期間、現地の人々との会話を愉しんだという。

もう一つはデリヴァティヴという言葉が突然話題として大きくとりあげられることに

なった時期のことである。総理大臣か大蔵大臣かに呼ばれ、松下はデリヴァティヴとは何か、説明を求められた。松下は質問に答えて、僅か一〇分かそこらでデリヴァティヴについて分かりやすく明快に説明し、相手を納得させ、感嘆させた、という。

いずれも一高生だったころの松下を知る私たちにとっては、さもありなん、という挿話だが、これほどの秀才はそうざらにはいない。反面、中野徹雄の章にすでに記したことだが、網代の著書が、スモン事件に関する中野の活躍にふれているので、くりかえすと、網代は、中野が厚生省薬務局長として八面六臂の敏腕ぶりを示した、といい、「患者、厚生省、製薬業界、国会議員、大蔵省といった関係者の間を駆けめぐり、超人的な行動力で解決へのいと口をきり開いた」と書いている。中野徹雄の章で書いたことだが、患者の代理をしていたある弁護士から私が聞いた話では、これら関係者を手玉にとって、事実上、中野が発案した厚生省案である和解案を承諾させた中野の辣腕には関係者みな舌を捲く思いだったという。このような政治的行動力のスゴ腕は、おそらく松下のもたない資質だったろう。

松下は順調に大蔵官僚の出世の階段を昇りつめて次官をつとめ、太陽神戸銀行の頭取に天下りした。中位の地方銀行の頭取というのは大蔵次官をつとめた者の天下り先としては役不足でふさわしくないとみられていたが、これは松下の先輩にあたる方からあらかじめ頼まれていた約束があったためだといわれ、その先輩の顔を立て、義理を果たしたのだということであった。私からみると、太陽神戸銀行の頭取に天下りすることさえ、大蔵官僚による金融界支配の実体をみる思いがあり、いい気なものだと感じていた。

その前後のことだったと思うが、松下から電話があり、弘子夫人の実家が経営していた草場特許事務所がいつ創立したか、調べてもらえないか、という依頼があった。弘子夫人の父君は草場晃といい、世界的にも知られた渉外特許事務所である草場事務所を経営なさっていた。渉外ということは外国人依頼者の代理人として日本特許庁に特許等工業所有権の出願の手続をして権利を取得し、また、日本企業の依頼者のために欧米等諸外国で工業所有権取得の手続をする事務所をいう。私が入所した中松先生の事務所もその一であり、中松事務所のばあい、違いは弁護士による訴訟手続などもあわせて行っていることにあった。

松下弘子夫人の父君はたぶん結核で久しく療養なさっていた。外国特許事務所連盟という組織がある。戦前から渉外特許業務を専門にしている一四、五の事務所の懇親団体だが、外国依頼者への特定の業務処理の手数料をいくらとするか、など談合してとりきめていた。

現在では独占禁止法に違反するので、そうした業務上の話し合いはしない、純粋の懇親団体になっているが、草場先生が快癒して事務所に復帰なさったとお聞きし、そのお祝いの会を八芳園で催した。私は中松事務所に勤めはじめたばかりで月給一万円であった。この八芳園の会費が一人について八〇〇〇円であった。私は中松先生に誘われて先生のお伴をして出席し、その豪奢な饗宴に驚嘆した。そうした渉外特許業務を行っている事務所は当時はこの連盟に所属している事務所以外にはまだ存在しなかったし、連合国人特別措置令により戦争中日本に特許等出願できなかった欧米の企業がどっと日本に出願し、その業務はこの連盟に属する事務所に集中していたから、いわば連盟所属の事務所は非常に景気が良かった。その結果、八芳園の草場先生快癒をお祝いする会が開かれたのであった。その関係で、私はそのとき一度だけ弘子夫人の父君をお見かけしている。その会合の写真が残っているが、最前列中央に草場先生が、最後列の最左端に私が、並んで写っている。ただ、草場先生はその後間もなくご病気が再発、引退し、死去なさったらしい。

ところで、この草場事務所は弘子夫人の祖父にあたる草場九十九《つくも》という方が創立なさった、わが国でもっとも古い渉外特許事務所の一であった。いろいろの資料にあたって調べていたところ、『弁理士会史』に草場事務所の創立が記載されていますよ、と同僚の弁理士が教えてくれた。私は松下康雄から求められた情報に加え、草場事務所に関する種々の情報を伝えた。松下夫妻が喜んでくれたことはいうまでもない。なお、草場晃先生亡きあと、たしか従弟にあたる方が事務所をひきついだが、その方が死去なさった後は後継者がなく、所属弁理士は個々に独立し、草場事務所は消滅した。わが国でもっとも旧い渉外特許事務所の一であるだけに、残念な事態である。このことを機会に私は松下夫妻とかなり親しく交際するようになった。

*

その後、間もないころだったと憶えているが、日本近代文学館の理事長だった小田切進さんから、証券会社に騙されたため、文学館はひどい被害をうけているのだが、何とかならないだろうか、という相談をうけ、松下の意見を聞いたらどうか、と勧め、松下を紹介した。私自身が処理したことではないので詳細は知らないのだが、日本近代文学館は名著複刻全集を製作、刊行、ほるぷが訪問販売でかなり高価に大量販売してくれたので、その報酬が数十億円に達していた。金利が正常なら、その利息だけで維持管理を充分まかなえる金額である。この巨額の資産の運用をある証券会社にほとんど一任していた。誰も知る大証券会社の一であったから、信用しきっていた。ところが、その資産の大部分をきわめて投機的な債券に投資するように勧められ、その結果、その債券は値段がつかないほど価格が下ってしまった。ためこんできた数十億円の資産がほとんど無くなってしまうほどの損失が見込まれた。日本近代文学館は通常の利益を得ようと某証券会社に資産運用を依頼していたのだから、そんな投機性の高い運用を頼んだ憶えはない、というのが、たぶん日本近代文学館の立場であった。松下はこのためわざわざ大蔵省の証券局かに出向いて事情を調べたらしい。その結果、九割ほどはその証券会社が勝手に投資したことだから、その取引は証券会社が損失を負担すべきだ、残りの一割ほどは日本近代文学館も承知の上の投資だったから、その損失を文学館が負担するのは止むをえない。松下はそのように考え、証券局かどこか然るべき監督部局に進言してくれたようである。当局は松下の進言にしたがい証券会社を指導してくれた。満額でないまでも、文学館は存続するに足る資産を保全できることとなった。すべて松下のおかげであった。私は、結果しか聞いていないのだが、松下の大蔵省に対する影響力の強さに驚嘆した。小田切さんが感謝したことはいうまでもない。

ただ、松下の進言はごく当然の事理を説いたまでのことで、法的手続が必要となり、裁判所の判断を求めれば、同じような結論になったはずであり、松下の圧力に大蔵省の担当部局や当事者の証券会社が屈したわけではない。当然の事理をただちに認めざるをえなかったのである。

小田切進さんは松下に文学館をご案内したいと申し出、駒場よりも新築開館したばかりの神奈川近代文学館にお越しいただきたいと言った。駒場の日本近代文学館は公的助成をまったくうけていない純粋に民間の事業だが、神奈川近代文学館は長洲知事が熱心に推進し、神奈川県が設立した財団法人が経営している文学館である。建物も立派だし、すべての費用が潤沢である。松下は自分で自動車を運転してきた。どういうわけか、小柴昌俊が一緒であった。万一、事故でもおこしたら困るから自分で運転するのは止めてもらいたい、と銀行の人たちから言われているのだけれど、日曜に私用で出かけるのに、銀行の車を使うのは気が進まないから、と松下は弁解していた。まだノーベル賞受賞前だったから、小田切さんは小柴の名前もご存知なかった。しかし、駒場の総務部長から神奈川の事務局長に転任していた清水節男さんはご子息が物理学を専攻していた関係からか、小柴が何度もノーベル賞の候補として名前が上っていることを知っていたので、それなりに小柴も礼を尽して迎えられた。神奈川近代文学館は、元来清水さんの大学時代の恩師だった長洲知事との因縁から設立されたものであり、小田切さんは双方の文学館の理事長を兼ねていたから、神奈川近代文学館を駒場の日本近代文学館の分館のように考えているかのようにみえた。

私たちは豪華な応接室に通され、茶菓の接待をうけた後、ゆったりとしたスペースをもつ、設備の行届いた収蔵庫等を見せていただき、文学資料の収集、保存に注いでいる熱意と莫大な費用にふかい感銘をうけた。後にたまたま日本近代文学館の理事長をつとめることになった私としては、神奈川近代文学館の施設等に羨望を禁じえない。ただ、たとえば大企業の社長室にも匹敵するような豪奢な理事長室などはむしろ分不相応で滑稽だと思っているし、維持管理の費用を考えると、どこでも文学館は費用対効果がひどい有様だから、いつまで神奈川県がもちこたえてくれるか不安を感じている。

ところで文学館見学が終ってから、私たちは重慶飯店に案内され、ご馳走になった。重慶飯店は偶然私の贔屓の店でもあり、私たちはその料理を堪能した。それが松下に対する、そして松下を紹介した私に対する、小田切さんのお礼であった。考えてみると、日本近代文学館が享受した松下の尽力に対する礼を神奈川近代文学館の費用でまかなったわけである。日本近代文学館には接待費の予算などありえないから、神奈川近代文学館の接待費を流用したのであろう。それが小田切さんの流儀であった。彼は神奈川を駒場の分館のように、両文学館を一体のものとして考えていたふしがある。私の考え方は多くの点で彼の考え方と違っている。

＊

いつごろからはじまったか、記憶がおぼろなのだが、松下邸でチェンバロのコンサートが年に一、二回開かれたことがあった。竹山謙三郎氏が逝去なさって後、千代夫人は松下家にひきとられていた。

「叔母をひきとりましたら、チェンバロがついて参りましたのよ」

と弘子夫人が話していたことがある。チェンバロは夫君謙三郎氏が結婚何十年かの記念に千代夫人に贈ったものだそうである。コンサートホールでも使えるような本格的なものであった。せっかくこれだけのチェンバロがあるのだから、コンサートを催すことにしよう、と思い立ったようである。

松下邸と書いたが、世田谷区駒沢の松下の住居は決して豪邸ではない。中流の上、といったサラリーマンの住居とそう変らない。そこで応接間だけでなく、続きの二部屋ほどの仕切りを外して、三〇人ほどの人々がぎっしりつめこまれていた。いつも小柴も来ていた。演奏のはじまる直前に千代夫人がおでましになり、演奏者の前の洋椅子に腰を下ろした。さすがにお年を召していたが、往年の美貌の名残りがあり、何よりも威厳がおありであった。集まったのはご近所の音楽好きの方々や弘子夫人の友人たちだったようである。松下の関係は小柴と私だけであった。

チェンバロは文化会館の小ホールでさえその音楽を充分に聞きとれない。そういう意味で五メートルか七メートルほどの距離で聴くチェンバロのコンサートは音色がよく耳に入り、素晴らしく美しく、魅惑されるものであった。こんな機会は二度とない。いつも私はそう思いながら、チェンバロの演奏を愉しんだ。演奏者は売出し中の若い女性チェンバロ奏者であった。残念ながら、お名前は憶えていない。すっきりした容姿の方であった。

いつの間にか、松下家のチェンバロ・コンサートは催されなくなった。そういえば、いつも松下は主人面することなく、隅の方でひっそり聴いていたのだった。その松下に訊ねると、演奏してくださっていた若い女性が、ご自身の住居に小ホールを設けたので、松下家に来てくださらなくなった、ということであった。松下家のチェンバロ・コンサートに招かれたさい、お礼を払った記憶もない。まさか松下家が負担したわけではあるまい。有志が募金したのであろう。ただ、おそらく、松下夫妻がチェンバロ・コンサートを催したのは千代夫人を慰めることに主な目的があったのであろう、と私は想像している。

*

太陽神戸銀行は三井銀行と合併、さくら銀行となり、松下はその会長に就任した。

その間、小田切進さんが急逝した後、中村眞一郎さんが後任の理事長に就任したさい、私は副理事長に就任し、中村眞一郎さんが死去なさった後、理事長に就任した。その後の理事改選のさい、松下に理事に就任してもらった。日本近代文学館の役員は電車賃も出ない、まったく無報酬の役職である。私はすでに記した前例からみて、松下に理事就任を頼みこんだ。やがて、一九九四年一二月、日本銀行の三重野康さんが退任し、その後任として松下が日本銀行総裁に就任した。無報酬の理事だから日本銀行総裁であっても日本近代文学館理事を続けても差支えないのではないか、と松下は関係の方々と相談したらしいが、結局、日本近代文学館の理事は辞めることとなり、後任に私たちには先輩にあたる長岡實さんを推薦してくれた。長岡さんの退任後も元大蔵次官、尾崎譲さんが理事に就任、尾崎さんの退任後も元大蔵次官をおつとめになった方をお一人必ず理事にお願いしている。元大蔵次官といった経歴の方々は文化人、教養人が多く、日本近代文学館の事業に理解があり、いろいろな局面でご助力をいただいて、今日に至っている。

ところで、日本銀行総裁に就任した松下は一九九八年三月に辞職に追いこまれた。日本銀行の課長が過剰に接待をうけているといった汚職の責任を問われたのであった。いったい、総裁が一課長の品行にまで責任を負わねばならないなどという莫迦なことがあるか。理事、局長といった要職の方々なら品行に目も届くかもしれないが、一課長の品行などに総裁が責任をもてる道理がない、と私は考えていたから、私にとって松下の辞職ははなはだ不本意であり、不愉快であった。

だが、考えてみると、松下日本銀行総裁の時代、低金利政策が続き、北海道拓殖銀行が倒産し、山一証券が倒産した。北海道拓殖銀行の倒産が北海道経済に与えた打撃は深刻だったし、山一証券の倒産は証券業界にとって衝撃的な事件であった。松下は三年三ヵ月ほどしか日本銀行総裁をつとめなかったけれど、この時期は、日本の産業界が興隆期から停滞期ないし衰退期に入る転回期にあたっていた。松下が辞任に追いこまれた真の理由は、いわば松下財政に対する批判だったのではないか。そう考えると納得できないわけではない。松下は卓抜な大蔵官僚であり、稀有の秀才ではあったが、財政家ではなかった、といえるかもしれない。

ただ、大阪大学大学院法学研究所が二〇一四年一一月に刊行した『阪大法学』に上川龍之進教授による「日本銀行　危機の選択」と題し「松下康雄総裁時代の金融政策運営」と副題された論文があることを教えられ、一読した。この論文の「おわりに」の項に次のとおり記されている。

「本稿の分析により、以下の三点が確認された。第一に、日本銀行にとって、たすき掛け人事が望ましいものであったことである。第二に、日本銀行法改正により法的独立性を飛躍的に向上させる一九九八年四月以前の時期において、日本銀行が大蔵省と対立することも厭わず、金融政策決定における自律性を維持しようとしていることである。第三に、日本銀行は大蔵省とは異なり、不良債権問題に対して早い時期から抜本的な対応策を実施することが必要だと考えていたけれども、大蔵省が、その要請を受け入れなかったため、結局は、大蔵省の先送りに加担せざるを得なかったことである」。

たすき掛け人事とは日銀出身の三重野康総裁の後任に大蔵省出身の松下が就任した例にみられるような日銀出身者と大蔵省出身者が交互に総裁をつとめる人事をいうようである。

この論文によると、松下が総裁としての決断を下した事件が山一証券の自主廃業問題だったようである。この論文に次の記述がある。

「山一が自主廃業するには潤沢な資金が必要とされた。顧客への預かり資産の返済に応じないといけないからであり、また、海外業務からの撤退にも資金が必要であった。だが、メーンバンクの富士銀行は支援を拒否した。

そこで日本銀行営業局証券課長の吉沢保幸は行内で、日銀特融の発動を求める。ところが信用機構局は、特融発動に反対する。証券会社は金融システムの「外縁部分」にあり、決済機能も持っていないため、特融は出すべきではないというのである。一一月二〇日に開かれた日本銀行幹部の非公式会合では「特融不要」が多数を占めた」。

「翌二一日、日本銀行では松下総裁を交えた会議が開かれた。福井副総裁、増渕稔信用機構局長らは前日と同様、特融発動に反対した。これに対し竹島邦彦営業局長や吉沢が、特融を出さなければ海外市場は大混乱に陥る、山一は一〇〇九億円の資産超過であり、特融は焦げ付くことはないと反論した」。

「会議は延々と続いた。そして最後に松下が、危機を前にして実験はできないとして、特融発動を決断する。実はこの日の朝、長野から依頼を受けた三塚博蔵相が松下に電話をして、特融発動を要請していたのである。

一一月二四日に山一證券は、自主廃業に向け、営業休止を決定する。日本銀行は、金融システム不安の拡大を防ぐための臨時異例の措置として特融を実施した」。

この論文によれば、その後、山一は実は債務超過に陥っていることが判明、一九九八年六月、山一は自己破産に移行、日銀の特別融資額約一一四〇億円が回収不能となった、という。

しかし、この論文では「二〇一二年に白川方明日本銀行総裁がイギリスで、山一證券への特融発動を評価する講演を行っている。白川によると、リーマン・ブラザーズの破綻により世界金融危機を引き起こしたアメリカとは異なり、日本は世界の金融危機の震源地にはならなかった。それは、日本の政策当局が金融機関の無秩序な破綻を許容しなかったからである」。

松下康雄は彼の責任において正しい決断をしたのであった。三塚蔵相の電話があったことは、これが誤った決断であれば、何の弁解にもならない。彼は勇気をもつ秀才であった。

＊

その後、小柴がノーベル賞を受賞、小柴が設立した平成基礎私学財団の理事会や松下が理事長をつとめていた財団主催の草津音楽祭などで時々顔を合わせていたが、二、三年前から体調を崩していると聞いていた。

いま、また一人の友人が立ち去った。人皆去り、わが周辺の寂寥の翳は年々濃くなるばかりである。

金子兜太

金子兜太という名は早くから知っていたし、評判になった、いわゆる前衛俳句も憶えていた。ことに安東次男と知り合ってから、金子兜太について耳にすることが多くなった。しかし、私が兜太さんにお会いしたのが何時かは憶えていない。考えあわせて、私が弁護士として日本銀行がフランスで訴えられた訴訟に関与したとき、日本銀行の行員としての兜太さんにお会いしたのが最初だったように思われる。この事件については『私の昭和史・完結篇下』に記しているが、同著をご存知ない読者のために、拙著を必要な限度でひきうつすこととする。

「昭和五十一年五月十九日、パリ破毀院 Cour de Cassation は上告人ザヴィッチャ・ブラゴジェヴィック、被上告人日本銀行間の訴訟事件について、上告を斥け、日本銀行勝訴の控訴審判決を維持する旨の判決を言渡した。上告人（以下「ザヴィッチャ」という）がパリ商業裁判所に対し訴訟を提起したのは昭和四十六年四月二十三日であった。破毀院は日本の最高裁に相当する。ほぼ五年を経て、第一審、控訴審、上告審で日本銀行はザヴィッチャが提起した損害賠償請求訴訟について、最終的に勝訴することにより終結を迎えたのであった」。

「この事件は昭和四十一年九月一日付で日本の映画会社大映がザヴィッチャと締結した契約に由来した。ザヴィッチャは当時ユーゴスラヴィアに属していたセルビアからの難民としてフランスに居住し、映画関係の業務に携っていた。この契約により、ザヴィッチャは大映が製作した映画をヨーロッパ諸国で配給する権利を与えられ、同時に、ヨーロッパにおいて製作された映画を大映が日本で配給する権利を買いつける総代理人となる権限を与えられ、こうしたサービスの提供について、一定額の報酬と歩合によるボーナスが支払われることになっていた。

昭和四十二年六月、大映はこの契約が日本法に違反していると称して、ザヴィッチャに解約を通知した。この解約が違法であるとして、ザヴィッチャはパリ商業裁判所に再三大映に対する損害賠償請求訴訟を提起し、勝訴の欠席判決を得ていたが、昭和四十六年、大映は倒産し、同年十月二十三日、東京地裁は大映に対して破産宣告をした。大映倒産の報道がなされた時点で、ザヴィッチャは日本銀行に対する提訴を決意したものと思われる。

提訴理由は、ザヴィッチャ・大映間の前記契約は不適法である旨、日本銀行が窓口で行政指導し、後日、その旨を証明書として交付し、また在日フランス大使館に外交文書として回答していたことを奇貨としたものであった。日本銀行が同契約が不適法であると判断した理由は、同契約が役務提供契約か海外支店契約か明確でないこと、ボーナスの算定基準が明確でないことの二点であり、同契約は外国為替管理法上、認可申請しても申請を受理できない、というのが日本銀行の指導であった。これらを明確にするよう契約をザヴィッチャとの間で修正すれば、認可が得られたはずだが、大映は修正を交渉することなく、解約を通知した。交渉してもおいそれと修正に応じる人物でないと考えたために、大映は不適法だから履行できないという立場を採ったのであろう。

事実、この契約はまことに不備で非常識な契約であった。そういう契約について相談をうけたばあい、手とり足とり親切に指導するのが当時の日本銀行における外国為替管理法上の認可手続の運用であった。外国為替管理が自由化され、金融取引が自由化された現在では想像しにくいかもしれないが、こうした行政指導が日常的に行われていた時代であった」。

経緯は省略するが、たまたま私はこの事件に関与することとなり、亡師中松潤之助弁護士（乙）と日本銀行総裁（甲）との間で、左のとおりの契約書を起案して、契約締結の後は私が実務をすべて担当した。

「一、甲は本事件に関し次の事項を乙に依頼し乙はこれを承諾する。
(1)本事件に関する意見書の提出。
(2)甲および甲が指定した場合の在パリ弁護士、その他本事件の甲側関係者間の迅速円滑な意思疎通をはかるための通信、その他の連絡事務。
(3)本事件に関する諸経費のパリ宛送金事務。
二、本事件に関し甲が乙に支払う報酬については、別途両者間で協議のうえ決定するものとする。
三、前条の金額のほか、乙が本契約の事務処理に要した経費は甲が負担する。乙は経費の明細書（受領証があるものは受領証を添付。）を甲に提出し、甲は明細書にもとづき乙に経費の支払をする。
四、契約期間は本事件の終結する日までとする」。

第一条⑵にいう「甲側関係者」とは日本銀行におけるこの訴訟の担当であった外国局長、さらに局長の下で実務を担当した浅野総太郎、石井甫の両氏および日本銀行パリ事務所の所長以下の方々である。

私はそれまで日本企業がパリで訴えられた知的財産権侵害訴訟について、知的財産権法についてフランスにおいて権威者として知られ、世界的にも著名であったポール・マテリー弁護士に数件依頼し、満足すべき結果を得て、ごく昵懇であった。そこで、マテリー弁護士の紹介で、クレディ・リヨネの顧問弁護士として金融関係の法律に詳しく、当時パリ弁護士会長をなさっていたベルナール・ボードロー弁護士に面会、日本銀行の代理人として訴訟を担当していただくこととした。

日本銀行としてはパリに事務所をもち、若干の資産ももっていたので、召喚状に応じることなく、欠席判決により敗訴し、日本の裁判所でフランスの裁判所の判決の効力を争うことは論外であった。ボードロー弁護士との打ち合わせの結果、日本銀行は主権免責の原理によりザヴィッチャと大映の契約を不適法としたのは国家主権の行使であり、フランスの裁判権は及ばない、と主張した。しかし、日本銀行は中央銀行であっても、この訴訟で問題となっているのは銀行券の発行や通貨金融のような本来の中央銀行としての業務ではなく、大蔵大臣の委任による外国為替管理法の適用に関する業務であり、ザヴィッチャが主張したとおり、日本銀行の株式の五五パーセントは国が所有しているけれども、その余は民間人が所有しているのだから、一民間企業と違いはないという問題もあり、かなり微妙で複雑な法律理論上の問題があった。しかし、この理論上の問題は本項で論じるべき事柄ではないので、これ以上ふれないこととする。

忘れがたいことは、日本銀行側で実務を担当した浅野総太郎さんの熱心で情熱をもったこの事件に対するとりくみ方であった。浅野さんは浅野財閥の創始者浅野総一郎の嫡孫であり、東大法学部を卒業後、第一回のフルブライト留学生としてアメリカに留学している。それでいて外国局の一係長か一主任にすぎなかった。たぶん外国局長と同期入行のはずだが、そうした処遇に不満や愚痴を言うことなく誠心誠意この事件の処理に全力を傾注してくれた。その執念は驚くべきものであり、どうして彼がそんな不遇な地位にいるのか、私には理解できなかった。やがて私は、日本銀行の人事は、かつて新入行員として教育指導した者が順調に昇進し、やがて自分の上司として指示、命令する立場にある地位に就くことも決して稀ではない慣行を採っていることを知った。人情からみて、まことにむごい人事管理が通常なのであった。これに不満であれば辞職し、転職する他はなかった。浅野さんがどこで躓き、減点されたのか、私は知らないが、私は浅野さんの助力がなければ私に課せられた責務を全うすることはありえなかったと考えている。

そこで、ようやく金子兜太さんの話になるのだが、ザヴィッチャ・大映間の契約が外国為替管理法に違反していると窓口で行政指導し、その事実を確認する証明書を書いたのが金子兜太さんであった。当時兜太さんは外国為替管理部局の一係長か一主任にすぎなかった。僅か三日しか勤めずに徴兵されたとはいえ、兜太さんは敗戦前に入行しており、外国局長は戦後の入行だったから、入行時からみれば、兜太さんよりはるかに後輩にあたるが、兜太さんの地位からみると、局長との間には課長、部長などがいる。局長は雲の上の存在である。ただ、この訴訟に関しもっとも重要な意味をもつのが兜太さんの行った窓口の行政指導であり兜太さんが書いた証明書であった。そこで事実確認のため、一度兜太さんに直接お会いして話をじかに聞いておくこととなった。その結果、私は兜太さんとお会いすることになったのである。

たしか外国局長室に兜太さんにおいでいただき、局長と私、浅野、石井両氏が兜太さんから経緯をお聞きしたはずである。兜太さんは堂々としていた。上司に対する礼儀は払っていたが、些かも卑屈な態度はみられなかった。理路整然と大映の担当者に対し、対ザヴィッチャ契約が外国為替管理法上不適法である所以を説明し、たとえば、ザヴィッチャが大映のためにヨーロッパ映画の日本配給権を購入し、大映作品の配給権をヨーロッパ諸国の会社に許諾する業務を行うエージェントとして選任すること、その報酬は売上や購入価格の何パーセントとする、といったことを明記するよう修正すれば、適法な契約として許可できることなどを示唆する行政指導を行ったことを説明、その不適法な理由を証明書に記載したまでのことだ、と話してくださった。私たちは兜太さんの明快な説明とその鮮明な記憶が関連する書類に合致することを知り、安堵した。

知られるとおり、兜太さんは敗戦後日本銀行に戻り、労働組合の初代事務局長をつとめ、三年間組合活動したため、福島、神戸、長崎等の支店に転勤を命じられ、その後本店に戻ったものの不遇な地位役職にとどめられたまま定年退職を迎えたが、その間、「勤務している間は、もらっている給料分の仕事はきちんとやるが、それ以外のプライベートな時間は、銀行と関連のあることは一切すまいと決めた」と言い、「日本銀行を食い物にしながら、あとは自分が専念できることをやっていくという考え」を固めたと書いている（『二度生きる』）。こういう文章を読むと兜太さんは日本銀行で与えられた職務をなおざりにし、最低限の労力しか払わなかったかのようにみえるが、実際は与えられた職責をじつに忠実に処理していたのであった。私がお聞きした程度でも、兜太さんは外国為替管理法とその関連法規に精通し、業務を誠実に処理していたのであった。

私は、金子兜太とはこういう人物だったのか、と認識をあらためる思いがした。兜太さんもこのとき私と会ったことは憶えていてくださって、後日になって時に、あの節はご面倒をおかけしました、といった挨拶をうけることがあった。

＊

私はそれまで金子兜太を

彎曲し火傷し爆心地のマラソン
華麗な墓原女陰あらわに村眠り
銀行員ら朝より蛍光す烏賊のごとく

といった知られた句の作者として馴染みがあった。これらが前衛俳句の代表作といわれることは知っていたが、私にはまるで面白くなかった。

「彎曲し」の句について、『金子兜太自選自解99句』に次のとおり解説している。
「神戸から長崎に移って三年居た。原爆から十三年経っていたが、爆心部の山里地区一帯はいまだに黒焦げの感じで、天主堂は被爆時のまま崩壊してそこにあった。黒焦げの大地に人は逞しく暮しをはじめてはいたのだが、痛ましかった。私のなかに映像が動き出す。それは周辺の峠を越えてマラソンの一団が走って来たのだが、爆心地に入ったとたん、たちまち軀が歪み、焼けただれて、崩れてしまった。そういう映像。その映像を追いながら辞書を、なんとなく繰っていたとき、「彎曲」の語に出会い、この映像がことばになった次第」。

私にはこの句は「彎曲」に難があると思われる。彎曲は街路が彎曲するとか、物が彎曲しているとかいうけれども、人体が彎曲するとは、言って言えないことはないとはいえ、軀が歪むことを彎曲というのは無理がある。一七文字の定型を無視すれば、軀が歪み焼けただれ爆心地のマラソン、という本来のイメージの方が、素直に心に落ちるように私は考えている。

「華麗な墓原」の句についていえば、何故「女陰」なのか、女陰から墓や死を連想することは難しい。作者のひとりよがりとしか私には思われなかった。

「銀行員ら」の句は私にはまったく理解できなかった。『自選自解99句』を読んで私は騙されたような気がした。これによれば「蛍光灯が一人一人の机にあって、出勤すると自分の席の灯を点す。店内は暗い。そこに点る灯は、水族館のホタルイカそっくりだったのだ。この景を銀行員への皮肉、批評と受け取る人が多く、社会性俳句の見本として読まれて評判になった次第」という。私は、そして、私に限らず誰もが、烏賊のごとく銀行員が蛍光す、と読んで、よく分からないまでも社会性を感じたのであろう。しかし、自解によれば、烏賊のごとく蛍光灯点る、というだけのことで、社会性があるわけでもないし、比喩に難があるだけのことだったのである。

私がこれらの句に惹かれないのは、これらには作者が存在しないからだといってもよい。

たとえば、

曼珠沙華どれも腹出し秩父の子

という初期の句には、秩父の子に寄せて作者の自己とかさねあわせた親近感がある。ここにはたしかに人間が、生きた人間がいる。この句は私の愛してやまぬ句だが、もっと痛切

な句として、

水脈の果炎天の墓碑を置きて去る

というトラック島からの引揚げのさいの作がある。句集『少年』においてはじめてこの句に接したとき、私はこの句に感動しながら、同句集中の「トラック島」と題する四五句中、戦闘らしい戦闘がまったくといってよいほどうたわれていないのに、どうして墓碑が立てられたのか、不審に感じた。しいてあげれば

被弾の島肌曝し海昏るる

の一句だけは爆撃があったことを示しているだろう。その他、

椰子の丘朝焼しるき日日なりき

といった佳句はあっても、どうして墓碑が立つほどの戦死者があったか、明らかでない。
句集『生長』にも「トラック島」と題し、八〇句が収められているが、

敵機燃え落つ月の出遅き海面へ
蠍座を掠め火を垂り敵機墜つ

といった日本軍の戦果がうたわれ、

海に青雲《あおぐも》生き死に言わず生きんとのみ

といった決意はうたわれても、何故墓碑が立てられるのかはうたわれていない。事情がはじめてうたわれるのは『金子兜太句集』中の「トラック島十一句」である。以下一一句全部を引用する。

爆撃の赤禿げのわが青春の島嶼

樹下の薄暮にギターの青年海踊らせ
若きわが眼前銃撃にひきつる兵
殺りくされず泉に映す土民の情事
共に浮かぶカヌーの唄と爆死の魚
スパイの名の土民海際で打たる
珊瑚の海へ餓死者を埋むぞくぞく埋む
なまことレモンで満たす朝日のなかの飢餓
捕われのパイロット拳銃のない細腰
浮上せぬ潜艦紺碧というべき日日
飢える島島われ海上に体磨き

「スパイの名の土民」は日本軍の残虐さをあらわした句であろう。ただ、作者は必ずしも残虐さを告発しないようにみえる。「墓碑」に関する句は「珊瑚の海」の句である。『二度生きる』に「死者への責任」の項で語られている現実は、これらの句にみられる状況とは比較にならぬほど悲惨である。

兜太さんが送られたトラック島は一二五もの大小の島々からなる大環礁であり、兜太さんはその中の夏島という島にあった第四海軍施設部に主計中尉として赴任した。施設部は約一万二〇〇〇人の人員からなる要塞構築部隊であり、軍人は少なく、その九割は自ら応募してきた工員であり、中にはかなりの数の囚人もいて、彼らは軍刀を下げた看守に見張られていた、という。以下、兜太さんの文章を引用する。

「私のいた主計課の主な仕事は、金銭に関すること、食糧の調達と管理、庶務などです。当時トラック島には四万人の日本人がいましたが、最終的に生き残ったのはその三分の二くらいです。それほどの激戦地でした。特に昭和十九年六月にサイパンが陥落してからというものは、のべつまくなしに米軍機が飛来し、爆撃と銃撃を繰り返します。本国からの食料の補給は完全に絶たれ、食べる物がなくなって次々に餓死者が出る有様です。特に私がいた施設部は工員がほとんどでしたから、餓死者の多さにかけては一番でした。

というのも、工員の地位は軍人以下で、そのため食料の補給が絶たれて自給自足を余儀なくされた時、もっとも粗悪な条件を強いられたのが彼らだったのです。兵隊の方が大事だという理由からでした。カリ肥料の乏しい畑ではろくなイモも育ちません。腹をすかした工員たちの中には、とうとう飢えに耐えきれず、なんでもかんでも拾い食いをする者が出てきました。ダイナマイトを放り込んで魚をとる際、あがってきたふぐは捨てるのですが、それさえ拾ってきて食べるのです。そんなもの食ったら死ぬぞといくら言っても「ああ、うまい、うまい」とがつがつ食べ、案の定すぐに死にます。南洋ほうれん草と私たちが呼んでいた草も同様です。ぐずぐず煮て食べ、食べすぎて下痢が始まって、やせ細って死んでいきます。下痢をし、脱水症状を起こし、最後には骨皮筋《ほねかわ》ヱ門になって眠るように死ぬのです。餓死というのは、食べ物がないから起きるというよりは、飢えに耐えきれないから起きる場合が多いのです。程度にもよりますが、飢えを我慢できたなら人は生き残れます。それができない人が死ぬことが多いのです。

戦争末期には日に三人から五人がこうして餓死していきました。私の見ている前でばたばたと死んでいくのです。その内死体をきちんと埋める場所もなくなり、山の上に大きな穴を掘ると、葬儀班というのを作って、元気のいいのがそれをかついで登り、穴の中にまとめて葬る有様でした。

もちろん死んだのは工員だけではありません。米軍による爆撃や銃撃によって、兵隊も大勢死んでいます。なにしろ四万人の内三分の一が亡くなっているのです。

しかし、私の直接の部下は工員でした。私は彼らを二百人ほどあずかっていました。その彼らが次々に死んでいったのです。私は責任を感じました。部下をこんなに死なせて、これは私が悪いんだ、彼らの非業の死は自分の責任だと、強く感じるようになったのです。しかし、そう思いながらも、一方では机上の計算もしています。主計課ですから、食糧の調達や保管が仕事です。食糧があとどのくらいあるのか把握できます。その限られた食糧に対して、何人死ねば他の者の口にそれが回るかと、仕事とはいえそろばんをはじいているのです。死者への責任を感じながら、一方でそのような計算もしている、そんな自分が薄汚なく思えてなりませんでした。まだ若かっただけに、それは余計に私の身にこたえました。

この時の気持ちが戦後の私の行動すべてにかかってきます。

日銀における組合活動も、このときの気持ちがベースになっています。つまり、死者に対する責任です。生き残った限り、この人たちに報いることを国に帰ってからしなくてはいけない。あの時、私は心にそう決めました。それが、後の私の行動の原点なのです」。

この凄絶な記述を読むと、トラック島における兜太さんの体験を句作は充分に表現できていないようにみえる。俳句とは風雅なものだけではありえない。そういう自覚が三回にわたるトラック島体験にもとづき作句したのであろうが、これは俳句という短詩型文学の限界なのか。あるいは、兜太さんの才能をもってしてもトラック島体験は俳句としてうたうことのできないものであったか。トラック島体験に照らして、ふりかえって、私が佳句として読んでいた、

水脈の果て炎天の墓碑を置きて去る

もたんに感傷的な作としかみえなくなるのである。ただ、兜太さんはトラック島で地獄を体験した。その体験をぬきにして、その後の句作はありえなかった。それは生への憐みであり、生への執着であったといえるかもしれない。

つけ加えていえば、トラック島体験が日本銀行における組合活動のベースになったと兜太さんはいうけれども、組合を離れてからはもう二度と労働組合運動のようなものにかかわりをもったようにはみえないし、最晩年に憲法九条を守る運動に情熱を傾けたことは別として、それほど平和運動にうちこんだようにもみえない。

ついでに書きとめておけば、兜太さんには計算高い面と計算の合わぬ面とが同居していたようである。『二度生きる』には「私が大学生活で熱心だったのはこのゼミと俳句だけ

です。他には何もしていません。例外は教練です。教練をサボると兵隊に行ってからひどい目にあいます。一兵卒から始めなくてはならないので、これだけは真面目に出ていました」とあり、実際、海軍計理学校を経て主計中尉としてトラック島に赴任したのであった。就職にさいし「日本銀行を志望したのは、先にも書きましたが、兵隊から戻ってきた時に食いっぱぐれのない会社といえば、それは日本銀行だと考えたからにすぎません。というのも、日本が勝てるとは思いもしなかったからです」という。一兵卒になるのが嫌で教練を真面目に出るのなら、組合の事務局長として日本銀行の幹部とやりあえば、幹部ににらまれ、不遇になることくらいは想像できたはずである。そもそも敗戦となれば、日本銀行をふくめ、中央官庁の組織が真先に瓦解するおそれもあったのではないか。主計中尉として赴任したトラック島では地獄が待っていた。たぶん弱い者たちのために力を貸そうとして経営側と堂々とわたりあったために、日本銀行を食い物にして俳句に専念することになった。敗戦になっても日銀は潰れないという計算は正しかったのだが、その組織からははみだすこととなった。この計算が狂った地点で兜太さんの俳句が生まれていたわけである。

＊

ここで私の好きな兜太さんの句、それも兜太さんらしい句をあげてみる。

古手拭蟹のほとりに置きて糞《ま》る
墓地は焼跡蟬肉片のごと樹樹に
果樹園がシャツ一枚の俺の孤島
谷に鯉もみ合う夜の歓喜かな
暗黒や関東平野に火事一つ
梅咲いて庭中に青鮫が来ている
黒部の沢真っ直ぐに堕ちてゆくこおろぎ
冬眠の蝮のほかは寝息なし
おおかみに螢が一つ付いていた

すべて『自選自解99句』から選んだ。これらに共通するのは生というもののいとおしさであると私は感じている。兜太さんが糞や尿、墓地、女陰といったものをうたうことが多いのもすべて生へのいとおしさから出ているように思われる。墓地の樹々に貼りつく肉片のような蟬も哀切、真直に黒部のふかい渓谷に落ちていくこおろぎも哀切、狼にすがる一匹の蛍も哀切、谷にもみ合う鯉のエロティックな歓喜も哀切、すべて哀切である。ふと気付くと庭中に青鮫が来ているのを見る作者のときめきも憐れである。私自身は果樹園の句がもっとも好きである。この果樹園こそが作者の王国であり、しかも人里離れた孤島のように存在し、作者はシャツ一枚で果樹園の労働を享受している。これこそが私たちの生そのものだと私は感じている。

余計なことだが、「暗黒や」の句を私は「暗闇や」と憶えていた。その方が熊谷郊外から見る関東平野の真っくらがりにふさわしいと思っていたからである。「火事一つ」は、不幸なことではあるが、その真っくらがりの中に灯す「生」なのである。だが、『自選自解99句』によると、これは「白河の駅を出て関東平野に入った夜行列車の車窓の夜空に火事が一つ、妙に赤く小さく見えてきた」実景であると同時に不安である、という。この自解を読んでもなお、私は私の鑑賞の方がこの句の理解により良く資すると信じている。

これらの句を一応礼を尽くすために引用した上で、私は句集『暗緑地誌』中「古代胯間抄・十一句」の五句を引用したい。すでに引用した「谷に鯉」もこの「古代胯間抄」中の一句である。

雉高く落日に鳴く浴みどき
森暗く桃色乳房夕かげり
陰《ほと》しめる浴みのあとの微光かな
黒葭や中の奥処の夕じめり

これらの句のエロティシズムは典雅であり、しっとりした情感にあふれている。これらを私は兜太さんならではの句と考えている。

＊

兜太さんの句の引用をしめくくるにあたり、私がかねて気がかりに感じている句を次に引用する。

少女の髪の雲脂《ふけ》は地中海のかもめ（『暗縁地誌』）
弓もつ少女が急ぐ陸橋星夜のテロ（同前）
樹といれば少女ざわざわ繁茂せり（同前）
駅頭少女のきさらぎの檄憂き灰白（『狡童』）
雪の町少女集まり仮面作る（同前）
穭田を少女陰《ほと》擦り走るかな（『旅次抄録』）
呪われてあり少女の顔へ蝶や蜂や（同前）
赤らみてなまめきて少女ら夜の海鳴り（同前）
山国の晩夏岩には少女坐る（『遊牧集』）
野獣の声の少女らたちまち春の海へ（『猪羊集』）
青葉隠れに潜む少女と飛驒川に（同前）
海ゆく少女一とひらの胸の秋旅（同前）
葛の葉茂る莫莫《ばくばく》と少女も熟るる（『詩經國風』）
夏衣暗い入口に少女（『両神』）
木の股に跨がる少女一顆明珠（同前）

兜太さんに少年の句も若干あるが、これほど多く「少女」をうたっていることは私には驚異であった。それも晩年に近づくにしたがって少女が清浄化され、聖化されていくようにみえる。たとえば、

山国の晩夏岩には少女坐る

の少女は恰もマリア像を見ている感があり、

夏衣暗い入口に少女

には少女に救いを求めるかの感がある。私にはこれらの少女の句はすべて兜太さんの清浄なるものへの憧憬を秘めていると思われる。つまり、兜太さんは陰部をうたい、墓をうたい、生のいとなみの暗部に光を当てて多くの独創的な句を作ったが、その底には清浄なるものへの思いがながれていたのだと考える。

＊

金子兜太さんは話していると豪放磊落、ずけずけと思うこと、感じることを遠慮なしに物を言う方であった。だが、それでいて決して憎まれることなく、愛された。それは兜太さんがずけずけと物を言っても、いつも本音を語っていたからだったと思われる。兜太さんの心の底にはいつも純真さがあった。そういう意味で尋常一様でない、複雑な人格の持主であった。こういう人格が私の前に現われることは二度とあるまい。兜太さんの死は私を寂しさに誘ってやまない。

加藤周一

福永が死んだときはたまたま軽井沢にいたし、中村が死んだときは岩波書店の用事で熱海に泊っていて、昼食を一緒にしたし、僕たち三人はよほどつよい絆で結ばれていたのか、と思うよ。そう加藤周一さんが中村眞一郎さんが亡くなったとき痛切な面もちで呟いておいでになるのを、私は万感胸に迫る思いでお聞きしていたことがあった。このことは『忘れられぬ人々』の中村眞一郎さんの章にすでに記したように思うのだが、ご自身がいうまでもなく、加藤周一、中村眞一郎、福永武彦のお三方は、『１９４６・文学的考察』でそろって華々しく文壇に登場したときはともかく、彼らの文学的業績の性質がずいぶん違っていたにもかかわらず、私のような後輩からみても強靱な精神的紐帯で結ばれているようにみえた。

私自身は中村眞一郎さんが日本近代文学館の理事長をおつとめになっていたとき、副理事長として実務をとりしきっていたこともあり、生涯にわたり、かなり頻繁にお会いする機会をもったけれども、中村眞一郎さんから私の詩や評論について褒めていただいたことは一度もない。詩集『浮泛漂蕩』を出版したとき、あんな新聞の見出しの言葉を並べたような詩は感心しないね、と叱責されたのが唯一の思い出である。福永さんにお目にかかったことはただ一度である。何かの会合ですれちがったとき、誰かが紹介してくれた。そのとき福永さんは、きみが中村稔か、夭折していれば立原みたいになれたのに、といった趣旨のことをおっしゃってくださった。私は福永さんが私の最初の詩集『無言歌』を評価して、そんな言葉を私に聞かせてくださったのだと信じていた。しかし、私は福永さんから著書を頂戴したことはない。中村眞一郎さんからは著書のほとんどすべてをいただいていた。

中村眞一郎、福永武彦のお二方と比べ、加藤さんは格別に私に目をかけてくださったという思いがつよい。『加藤周一著作集』『加藤周一セレクション』の類まで頂戴した。何よりも忘れがたいことは、『無言歌』の刊行後、『人間』の文藝時評を「宮本百合子の死　また、高見順と中村稔の詩集について」と題して『無言歌』をとりあげてくださったことである。ここで加藤さんは『無言歌』は「戦争から眼をそらして必死に夢みようとした青春の稚い歌にはじまる」のだが、「そこにも稚さと架空の明るさとだけがあったのではない」とし、やがて「『海』以下の悲歌が、突然、われわれの耳に、忘れようとしても忘れることができない声を聞かせるのだ」と記し、さらにその一連の作の欠点を指摘した上で、同じ『人間』正月号に私が発表した「声」を引用し、「『声』では『無言歌』の欠点を克服して成功してゐると思ふ」と記し、「私はそこに不安定な言葉がないとはいはない。しかしそれ以上に安定した、動かすことのできない言葉でくみたてられた詩は、他にも例が少いと考へる。いや、それればかりではない。中村がそこにうたつたものこそ、今日の文学に欠けてゐるものだ」と書いてくださった。

この『人間』は一九五一年三月刊である。私は二四歳であった。こんな評をいただいて有頂天にならない青年がいるだろうか。『展望』では吉田健一さんがこれも過褒としか言いようのない紹介を寄稿してくださっていた。この当時『詩学』が詩の唯一の総合誌だったが、『無言歌』は詩壇（というものがこのころは存在したように思うのだが）でまったく無視され、むしろ文壇（というものもあったように思うのだが）で私は詩人として認められて一部の人々に知られることとなったのであった。

このころ以前もそれ以後もしばらく、私は加藤さんにお目にかかったことはなかった。私は司法修習生の課程の履修や中原中也全集の編集などに多忙だったし、弁護士として就職して以降は、ますます多忙になり、そもそも私は社交性に乏しいので、止むをえない用事がなければ、人を訪ねたり、会合に出席したりすることもなかった。加藤さんにお目にかかった回数は一〇回は越えるかもしれないが、二〇回には達しないはずである。

*

加藤さんを語るにはどうしても私が加藤さんから蒙った恩誼を記しておかねばならない。加藤さんは『朝日新聞』に「夕陽妄語」と題する随想を連載していたが一九八七年三月二三日の日付で「『中村稔詩集』の余白に」と題する文章を発表している。次の文章にはじまる。

「しばらくの間、私はくり返して『中村稔詩集』（私家版、一九八七年）を読んでいた。一九四四年から八六年まで、これは一つの魂の戦後史である。詩人はそこで、かけ換えのない大切なものを、――それだけを、うたってきたように思われる」。

こう記した上で、加藤さんは

軍鼓のとよみ背にはやく
沙丘の没日《いりひ》　朱《あけ》なれば

（「わかれなむいまは」）

と、もう一篇から

寄宿舎に散らかっていた
花伝書　七部集
「グスコーブドリの伝記」など……

（「旧い仲間たちの風景」）

さらに右の作の末尾近くの

ああ命じられた場所に
すでに到達した仲間の

優しさだけが
遠くに　そして
ほのかに
光っている

（同前）

を引用し、「これは私の同時代の歌である」と書いている。前者は私の戦争下のつらい日々の感傷であり、後者の前の部分は旧制一高、寄宿寮の一室の風景だが、加藤さんも似かよった風景を目にしたのであろう。後の部分は死んだ友人への懐旧の思いである。加藤さんも同様の心情をもつことが多かったであろう。

『詩集』は、海辺の風景に始まり、都会のビルの谷間に終わる。一方には、「星明りの」、「雪ふる」、「晩夏の」、「真夏の」海があり、絶壁や岬や岩礁や、「百姓一揆のように」押しよせては退却してゆく浪がある。そこには季節があり、自然があり、「めまぐるしく風化する事物」のなかで輝く「つかのまの生の光芒《こうぼう》」（「また真夏の海に」）がある。その海は、しかし単に外部の風景ではなくて、人間の内部にあって根源的な生命、日常性の枠を破り空へ向かって飛び立とうとする意志、「人ひとりの心の奥に　一杯の湧き立つ海」（「海II」）

でもあるだろう。

他方都会には、ビルの谷間に、「声もかけあわぬ人々」（「ビルの一隅にて」）、「顔までも失くして」しまった群集（「駅ビルにて」）がいる。巨大なビルの階段をかれらは蟻のように登り（「ビルの屋上の風景」）、床をゴキブリのように這いまわり（「ゴキブリの這う風景」）、オフィスでも廊下でも鼠《ねずみ》のように駈けまわる（「鼠たちの闊《かっ》歩《ぽ》する風景」）。そこには「秩序のいりくんだ網目」（「見る」）があり、「埒《らち》もない仕事を生きがいに日を送」る日常的時間がある（「ビルの一隅にて」）。そこにはタテマエとホンネ、裏取引と袖《そで》の下、ドル高かと思えば円高、「中国の脅威」かと思えば「ソ連の脅威」、どっちにしても対米従属の、管理消費社会の繁栄がある。それは一種の体系であり、秩序であり、たしかに「網目」であって――誰がそれを天網というだろうか――その網目から脱れては暮してゆけない仕組がある」。

加藤さんは、この二つの関係の分析を続け、ますます精緻に、論旨を展開しているが、たぶん結論に近いと思われる箇所を引用する。

「二つの次元、「海」と「ビル」、超歴史的なるものと歴史的なるもの、主体的意識の超越性と世界の外在的秩序――その相互非還元性は、人間の条件の問題であり、その感覚的＝経験的表現の深く揺るぎないものの一つが『中村稔詩集』である」。

ここで加藤さんは、私の詩の鑑賞や解釈を超えて、加藤さんが、詩とはこうあるべきものだ、と考える詩、について語っているようにもみえるが、私にとって光栄きわまる感想であることは間違いない。

＊

もう一つ、私が加藤さんに感謝しているのは一九九六年に加藤さんの訳詩集刊行で完結した潮出版社の『近代の詩人』（全一〇巻と別巻の訳詩集）の編集、解説者の一人に加えてくださったことである。これには三人の編者、解説者がいた。中村眞一郎、加藤周一、それに私である。福永さんがご存命であったら当然、私でなく福永さんが編者、解説者となっていたはずである。福永さんの代役に指名してくださったことは、私にとって光栄としか言いようがない。

私が一〇人の日本の詩人中、正岡子規、高村光太郎、石川啄木、宮沢賢治の四名の作品を選び、解説した。宮沢賢治はともかく、高村光太郎、石川啄木の二人については後に詳しく論じたが、その端緒となった解説であった。子規については本格的に論述した著書を刊行していないけれども、このとき丹念に子規全集を読んだことがどれほど俳句、短歌についての私の理解をふかめたか、はかり知れない。子規についての本格的な論考を執筆したいが、もう時間がないようにみえる。

一言付言すれば、加藤さんの編集・解説による訳詩集は、加藤さんの独自の鑑賞眼と見識による、じつにすぐれた著作である。

第一部　訳詩雑談

第二部　訳詩集

第一章　『日本の詩歌』「於母影」、「沙羅の木」、「海潮音」、「牧羊神」、「草の葉」、「珊瑚集」、「白孔雀」、「月下の一群」、「リルケ詩抄」、「山内義雄訳詩集」、「新訳リルケ詩集」（「リルケ詩抄」は茅野蕭々訳、新訳「リルケ詩集」は片山敏彦訳）

第二章　『愛の詩集』『ヴィヨン全詩集』『悪の華』（各抄）

第三章　『中原中也全訳詩集』（抄）

第四章　『象牙集』（福永武彦訳）

第五章　『車塵集』『厄除け詩集』

右の目次だけからもこの訳詩集の卓抜な独自性を読みとれるであろう。こうした選択とあわせ、非凡な解説を加え、私はこの訳詩集を加藤さんの代表作の一と考えている。

＊

ところで『夕陽妄語』には「03・10・22」という日付で「『山姥』の他界」と題する一章が収められており、この文章は「友人たち、小山弘志、中村稔両氏に誘われて、塩津哲生氏の『山姥《やまんば》』を見た（十月十一日、喜多六平太記念能楽堂）」とはじまっている。加藤さんは格別の配慮から、このように書きおこしたのであろうが、若干事実に反する。一九九六年秋、私は、小山弘志さんのような権威が身近においでになるのだから、お能を観て、小山さんの解説をお聞きし、質問したりする会を催したいと考えた。たぶん国文学会の旧い仲間が集まった会合のさい、小山さんの了解を得たのだと憶えている。そこで「小山さんを囲んでお能を観る会」を組織し、中村眞一郎、加藤周一、白井健三郎、いいだもも、日高普、中野徹雄にそれぞれ夫妻でお出ましくださるようご案内した。演者、演目、入場券は小山さんが手配してくださった。加藤さんは厳密には国文学会に属したことはないが、加藤さんを私は国文学会の先輩の一とみなしていた。観能の前に、詞章を小山さんが作ってくださった。印刷物になっている詞章でも、流派によって若干の違いがあるので、小山さんはその都度、観能の会の流派に適した詞章をペン書で作成、私がパーソナル・コンピューターに入力、公私混同ながら事務所の秘書にレイアウトをととのえ、印刷してもらい出欠の確認とともに、皆さんに郵送した。観能もさることながら、その後の二次会で、小山さんに質問し、疑問にお答えいただいたり、感想を話し合ったりすることが、この会の欠くことのできない行事であった。

『夕陽妄語』の冒頭に、加藤さんは「山中深く、月光に照らされて、山姥の舞う曲舞《くせまい》は、節目の明確な動きが、品位と活力を兼ね備えていた。殊に静から動へ移る決然として急な展開は、実に見事で、長く忘れ難い演技となるだろう」と塩津哲生氏の藝を高く評価した上で、世阿弥が「山姥」で何を語ろうとしたのかを分析する。

「要するに山姥が山中で都人に会おうとした動機は、恨みをはらすことや、誤解をただすことや、自ら妄執を断って山廻りの苦業から脱れる機会を作ることなどの、いずれにも還元されず、それらの目的相互の関係もまた明らかではない。しかし明らかなことが、少なくとも二つある。その一つは、人物の、あるいはカミの、素性（アイデンティティー）に関する。百万山姥はひとりではない。「都の人」が同行し、彼には随行者もいる。都から善光寺へ旅するのは、彼女とその仲間の集団であり、その小集団は都の住人のすべて、その富や力や偏見や秩序を代表すると考えることができる。他方、山姥は個人である。塩津哲生氏の面の扱いから威厳ある風貌に孤独な人間の淋しさが滲んで見えることがあった。

その背景には山奥に住む少数部族や山伏や天狗の小集団の習慣や価値観がある。山姥には都の大集団の組織とその力がない。しかし彼女には都の人間にはない能力があり、仙人のように、また天狗のように、空を飛ぶことができるのであった。

もう一つの明らかな点は、世阿弥の『山姥』の構造に係わる。山奥は他界であり、都とは別の文化を持つ。しかしそこに住むのは、多くの夢幻能のように死者の迷える魂ではなく、過去を持たない山姥である。夢幻能では、この世の現在において、里人（前シテ）が旅の僧に過去の出来事（たとえば壇ノ浦の戦いや深草少将）を語る。後半ではあの世に彷徨《さまよ》う死者の魂が、平家の将軍や小野小町の過去の姿をとってこの世にあらわれる（後シテ）。すなわち主人公の動く空間は、彼岸→此岸《しがん》・現在→此岸・過去という風に移る。

彼岸＝他界には過去と現在の区別がない。『山姥』では人物が彼岸＝他界と此岸の間を往復するが、此岸の過去とは係わらない。他界と此岸、または山奥と都、または二つの異なる文化的空間、その対立は同時に個人対集団（世間）の対立とも重なるだろう。『山姥』

の基本的構造は、異文化接触である」。

加藤さんの文章はもうすこし続くが、省略する。小山弘志さんを囲んで能を観る会の二次会の愉しさは、こうした加藤さんの感想ないし文章となる以前の感想の原始的断想の如きものをお聞きすることであった。この毎年一度催された会に、加藤さんは亡くなる前年まで必ず夫人を伴って参加してくださったが、二次会で話の口火を切るのは必ず加藤さんであった。そうした加藤さんの感想が整理され文章となったのが前述した『夕陽妄語』における「山姥」観であった。このような感想を話すとき、加藤さんは、文章に表現されたような、断定的な意見としては話さなかった。「ぼくはこう感じたのだがねえ、小山、きみはどうなの」といったように、虚心に自分の意見が間違っていれば、当否をただしてほしい、といった口調であった。これに対して、小山さんは「加藤がいうとおりだと思う」とか「そこまで世阿弥が考えていたといえるのだろうか、どうしてかといえば、こういうこともある」といった補足的な意見を穏やかに答えるのがつねであった。そうしたやりとりに、中村眞一郎さんやいいだが口をはさんだりするのも始終みられた光景であり、そうした高度に知的で、高い教養にもとづく討議は聞いているだけでも、じつに感興ふかいものであった。

この「山姥」の文章にもみられるとおり、加藤さんは能や狂言にも造詣がふかかった。しかし、小山さんのような専門家の前ではじつに謙虚であり、およそ偉ぶった気配はつゆほども見せなかった。加藤さんが私に対して先輩ぶって何かを教えるといった態度をとったこともまったく私の記憶にない。加藤さんのような大知識人でも、知識をひけらかすことはなかった。

なお、この小山さんを囲んでお能を観る会はだんだん参加者の人数が増えて四〇人ほどになった。そうなると入場券の入手も厄介だし、小山さんもお年をめしてこられて、億劫におなりになったためもあり、二〇〇九年で終った。加藤さんがその前年、二〇〇八年に他界なさったことも終える契機となったのかもしれない。小山さんも二〇一〇年に他界なさった。往時茫々の感がふかい。

*

加藤さんには『日本文学史序説』という著書がおありになる。日本文学の通史を書いたのは加藤さんとドナルド・キーンさんのお二人しかいないと聞いたことがある。加藤さんの『序説』は、「日本文学の特徴について」と題する序章に続く第一章「『万葉集』の時代」にはじまり、「終章　戦後の状況」に至る全一三章の著述である。

いったい日本文学の研究者は必ず特定の時代ないし作者を対象とし、日本の文学をその始源から現代に至るまで俯瞰的に研究することはないようであり、たとえば東大の国文学科には、小山さんの当時、能などを研究している教授等の研究者は一人もいなかったので、小山さんは教えを乞いたいときは当時の東京文理大（現在の筑波大の前身）の能勢朝次教授の許へ赴いたものだ、と聞いたことがある。たぶん事情は現在も変っていないのではないか。私からみると、江戸文学はその前の中世の文学をぬきに考えられないし、文学はつねに伝統と歴史の上で成り立っているから通史として日本文学を専攻する研究者が存在しないことはじつにふしぎに思われる。

だから、加藤さんの『序説』は貴重な著述だが、大野晋さんは、加藤は全部を読んではいないよ、序文、後記、本文の数頁を読んで、書いているんだ、と批判しておいでになった。それも本当かもしれないのだが、序文、後記、本文の数頁から、ある著書がどういう著述かを見きわめること自体が大変な作業である。大野さんが言うとおりであっても、『序説』の貴重さに変りはないと私は考える。

「山姥」の話が出たので、世阿弥に言及している章をみると、第五章が「能と狂言の時代」と題されており、目次の小項目には第五章では次の項目を取り扱っている。

封建制の時代
禅宗の世俗化
仲間外れの文学
藝術家の独立
能と狂言

「封建制の時代」では、『愚管抄』『神皇正統記』『唯一神道名法要集』、蓮如の「御文」、『徒然草』『狂雲集』をとりあげている。

「禅宗の世俗化」では、五山文学、禅林の美術、『岷峨集《びんがしゅう》』などについてふれ、雪村友梅・絶海中津などにふれている。

「仲間外れの文学」では、『方丈記』『徒然草』『狂雲集』などをとりあげている。

「藝術家の独立」では、宗祇以下の連歌を主とし、また『閑吟集』から『太平記』『御伽草子』をとりあげている。

こうして「能と狂言」に移り、観阿弥以前から、観阿弥、世阿弥などを説き、多くの能と狂言の演目について説明している。

以上のようにざっと一瞥しただけでも、想像するだけで驚嘆に値する力仕事である。これだけのすべてを熟読、理解し、時代との関連について記述することは、一応の学識では足りない。素養としての学識に加え、知力、気力、体力がよほど充実していなければ、できることではない。この『序説』にまさる著述を誰が書くことができるか。私はただ、加藤さんを措いていないと思っている。

とはいえ、私は大野晋さんの批判も正しいのではないか、とも考える。中村眞一郎さんは江戸漢詩に詳しく、造詣がふかかった。あるとき、五山文学はどうですか、とお訊ねしたとき、中村眞一郎さんは、あれは難しくてとてもぼくには歯が立たない、と答えた。私自身、古典文学大系の類で絶海中津の漢詩を眺めて、これは到底私がいかに努力しても歯が立たない、と感じたことがある。反面、『序説』中、雪村友梅の作

吾不レ歓二人誉一　亦不レ畏二人毀一　只縁二与レ世疎一　方寸如二淡水一、一身縲紲余

三載長安市　吟哦聊適レ情　直語何容レ綺

について「異境で獄につながれた経験（「縲紲余」）と、自己の心情（「方寸」）を語り、禅僧の自信が静かな緊張をはらんでいて、実に見事である」と加藤さんが書いているのを読むと、加藤さんの知性と感性はやはり私たちの遠く及ばないものだと感嘆せざるをえないのである。

*

私は一度だけ加藤さんの不興を買ったことがある。たしか日本近代文学館の「声のライブラリー」の自作朗読の会に出演していただいたときであった。

加藤さんは朗読の最後に「さくら横ちょう」という短い詩を朗読なさった。その朗読に先立って、こんなことを冗談めかしてお話しになったのが印象ふかく残っている。

「ぼくのあらゆる評論などの文章が忘れられても、これだけは後世に残ると思っている。ともかく中田喜直さんと別宮貞雄さんのお二人が、二人そろってとてもいい曲をつけてくださったので、歌曲として歌われ続くだろうと確信しています」。

「さくら横ちょう」は次のとおりである。

春の宵　さくらが咲くと
花ばかり　さくら横ちよう
想出す　恋の昨日
君はもうこゝにいないと

第一行と第四行、第二行と第三行で韻をふんでいる。マチネ・ポエティクの押韻詩の一である。
私が「中原中也風ですね」と思わず口走ったところ、加藤さんは不機嫌そうに
「どこが?」
と訊ねてきた。口語五七調だから、というのが私の真意だったが、加藤さんは詩情において中原と似ていると私が言ったものと誤解したのであった。口語で五七調あるいは七五調の音数律をもつ詩を多く書いている詩人は中原以外にはいないのだが、加藤さんはそういうことは気にしてはいないようにみえた。加藤さんの詩は、評論等と違って、この「さくら横ちょう」もいわば稚い。加藤さんは、いわば万能だったが、詩、小説は評価できる水

準に達していない。加藤さんのような方にもこうした弱点があることは、かえって人間的であるといえるのかもしれない。

桜横町は加藤さんにとってずいぶん懐しい通りだったらしい。『羊の歌』には次のとおり記している。

「八幡宮から学校までの道には、両側に桜が植えられていた。その桜は、老木で、春には素晴らしい花をつけた。桜横町とよばれたその道には、住宅の間にまじって、いくつかの商店もあり、そこで子供たちは、鉛筆や雑記帳を買い、学校の早く終ったときには、戯れながら暇をつぶしていた。からたちの空地のように町から離れてもいず、八幡宮の境内のように男の子だけの遊び場でもなく、桜横町には、男の子も、女の子も、文房具屋のおかみさんも、自転車で通るそば屋の小僧も、郵便配達もいたのである。学校に近かったから、道玄坂などとはちがって、半ば校庭の延長のようでもあり、しかも校庭とはちがって、町の生活ともつながっていた。私は二つの世界が交り、子供と大人が同居し、未知なるものが身近かなるものに適度の刺戟をあたえるその桜横町のひとときを好んでいた」。

加藤さんの懐旧の念は別として、私が見過すことができないのは続く文章である。

「桜横町を通り、八幡の境内を抜けると、その頃の私は金王町の家のすぐちかくまで長井邸の金網に沿って歩いた。長井邸は広大な敷地に、木造の西洋館をいくつも建て、一九二〇年代の末にそれを西洋人の家族に貸していた。金網の外から見ると、西洋館の間には、よく手入れをした芝生と花壇があり、そこで異国の子供たちが遊んでいた」。

この長井邸はエフェドリンの発明者であり、東大医学部薬学科の教授をつとめ、日本薬学会の初代会頭となった長井長義の邸宅である。彼はドイツ留学中、テレーゼ夫人と結婚。長男亜歴山を儲けた。ふつう長井アレキサンダーと呼ばれた長井亜歴山は旧制一高、東大を経て、外交官となった。一高在学中、寮歌の作曲もしている。彼は敗戦後、弁護士登録をし、江崎弁理士と共同で長井江崎法律特許事務所を経営した。そういう関係で私も数回お見かけしているが、風貌はまったくドイツ人であった。おそらく彼はこの事務所で、彼自身とその父親の縁故で依頼者を集め、実務を江崎弁理士が担当したのであろう。吉本隆明は若いころこの事務所のために翻訳のアルバイトをしていた。時に用事があって、私に電話してきたときには必ず、「江崎事務所の吉本です」と名のったことを憶えている。

長井亜歴山の子息はかつての長井邸の敷地に、あるいはその一部かもしれないが、ビルを建て、ビルの経営をしていると聞いたことがあるが、数十年その消息は聞いていない。しかし、長井ビルは現存するはずである。

加藤さんの『羊の歌』からはからずも私は吉本隆明とのほんの通り一遍の交友を思い出したのだが、加藤さんはまさか長井邸と吉本隆明とのつながりなどご存じなかったろう。その吉本も二〇一二年に他界した。吉本と会ったことは二度か三度しかない。電話は三、四度いただいたが、いつも法律相談だったように憶えている。親疎の程度に違いはあっても、こうして年々、先輩、友人、知己が立ち去っていく。身辺寂寞の感をふかくするばかりである。

後記

私は『ユリイカ』二〇一六年一月号以降「私が出会った人々」と題し、「故旧哀傷」と副題する文章を連載した。当初発表した一二篇を『故旧哀傷』と題し、『私が出会った人々』と添書して、二〇一七年一〇月、青土社から出版した。その後に掲載した一一篇を『忘れられぬ人々』と題し、『故旧哀傷・二』と添書して、二〇一九年一二月に青土社から出版した。

本書はその後、連載した回想文から一一篇を選んで『忘れられぬ人々 二』と題し、『故旧哀傷・三』として出版するものである。

本書に収めた文章を読み返して、私は、私ほど恵まれた星の下に生きてきた者は稀有にちがいない、と痛感した。本書で私が回想しているのは加藤周一さんをはじめ、私が交誼を得た、小学校以来の友人・知己であり、いずれも卓越した秀才たちであったり、すぐれた資質、美徳をもち、私が心を開いて、うちとけて話し合うことのできる人々であった。私の人生が彼らとの交友によりどれほど豊かなものとなったか、はかり知れない。それだけに、彼らに先立たれたことは私にとってこの上なく、つらく悲しいことであった。

本書の刊行にあたり、青土社の清水一人社長、『ユリイカ』編集長明石陽介さん、本書の出版を担当してくださった本田英郎さん、また校閲の労をとってくださった染谷仁子さんに心からお礼を申し上げたい。

中村　稔

二〇二〇年五月二日

忘れられぬ人々 二　故旧哀傷・三

2020年 6 月 23 日　第 1 刷印刷
2020年 6 月 30 日　第 1 刷発行

著者——中村 稔

発行人——清水一人
発行所——青土社
東京都千代田区神田神保町 1-29　市瀬ビル　〒101-0051
電話　03-3291-9831（編集）、03-3294-7829（営業）
振替　00190-7-192955

印刷・製本——ディグ

装幀——菊地信義

ISBN978-4-7917-7280-3　　Printed in Japan